U0153544

補教名師私房教法、應考祕訣大公開

絕對讓你看得懂、寫得好的會考作文

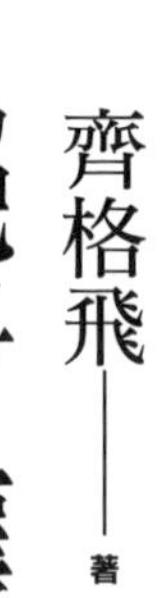

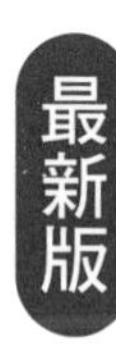

五南圖書出版公司 印行

序

多年來在各補習班教作文的心得和要點，濃縮成這本書。

有學生問我：「老師，你把什麼都寫出來了，還會有人來補習嗎？」

我說：「如果我『什麼』都沒寫，那不就太對不起我的讀者。」

他又問：「老師，你以後不就沒東西寫了？」

我說：「如果以後沒東西可寫，那我不就太不長進？」

補教界完全是市場導向，針對考試，必須想辦法讓孩子在課堂中快速累積實力，並在考場上完全發揮實力。作文這一科，即使高中入學不考，也不損傷任何重要性，因為它是溝通最重要的「神器」之一，更何況一定會考。而且高中考、大學考、高普考也考，甚至有些公司的新人招考也會考。進入社會要寫公文、要魚雁往返，即使手機傳訊息，也不能只靠表情符號吧？但遺憾的是，我看過許多文筆很好的孩子，考試作文卻沒有得高分；許多抒情文寫得很好的孩子，論說文卻大大失分；喜歡論理的孩子，遇到記敘文、抒情文卻一籌莫展。

一直以來，我思考並研發著：如何讓恐懼排斥作文的孩子，能夠喜歡上課然後愛上寫作；如何讓有一定基礎的孩子，可以更上一層樓；如何幫助喜愛寫作的孩子，不管拿到什麼題目都能優遊自在、行雲流水。最重要的是，當孩子們面對作文考試時，每個人都能「視若無物」，完筆時

「為之躊躇滿志」，我便「怡然稱快」了。

作文到底怎麼寫才能得高分？老實說，如陽焰、如閃電、如雲霞，沒有定律！我們可以發現，許多六級分的範文獨樹一幟，勇於寫出不一樣的題材色彩，雖然不乏若干缺點、錯別字，依然不減得高分的衝力！可見閱卷老師的「口味」並不單調，這也是我收錄並分析多篇滿級分範文的原因之一：瞭解實際評分的現場。

同樣的，我也從來沒有想過要孩子去套公式，把作文寫得都一樣，反而希望孩子們「想點不一樣的，寫得不一樣一點」。然而對於考試，有一定的步驟、一定的程序（SOP）必須要遵守。因為考試只有一次機會，除了時間限制嚴格，緊張的心情也不是平常時可比。只有考前不斷練習把「流程」走得熟悉，將「資料庫」填得豐富，才不會臨陣「掉漆」。也就是要熟練審題、取材、布局與修辭等技巧，多多提煉生活經驗與閱讀內容，高分，才能手到擒來。

所以，我不斷刺探、統整，什麼樣的教法和教材才是最合身的？經過不少的時間累積一些經驗，整理成這本書。書中的範例、解析與建議，都是經過數次測試所刷洗出來、「藥效」比較顯著的；編排上由淺而深，深入淺出，讓孩子們可以自行閱讀、吸收，期盼幫助所有讀者文思豐饒。

本書編排特色與使用方式

旅遊前，我們會參考目的地的遊覽資訊；考試前，我們也要瞭解考試的型態與作答的方法。這本書是寫作測驗的引導，如同旅遊導覽提供去哪裡玩、怎麼玩比較好一樣，本書也將告訴你關於作文怎麼考、考哪些、如何「回答」比較好。爲了達成這樣的目標，這本書的編排特色與使用方式是：

1. **先攤開整張考試地圖：**會考寫作測驗延續自基測，我們可以先綜觀整個考試的模樣，看看有哪些規定、如何評分、歷屆出過哪些題目，必須要有什麼樣的基本認識和因應策略，像是透過地圖而知道有哪些景點和路線一般。

2. **打點應有的寫作裝備：**面對題目時，我們要懂得怎麼寫、寫些什麼，也就是知道如何分析題目、選取題材和架構文章。然後磨一磨我們的筆，練習基本的修辭和文章開頭結尾技巧。

3. **熟練駕馭各種的文體：**記敘是各種文體的基礎，記敘抒情是歷來最常出現的題型，論述則需要邏輯理性。針對不同文體有不同的寫作心法，我們可以隨著這本書一一去吸收和突破，讓出現於任何一種場景的文章都能有「最貼切的打扮」。

4. **逐步走出廣度與深度：**本書收錄多篇高分樣卷、名家作品和模擬寫作，除了重點思路引導之外，每篇文章都有最精要的解析，我們可以認識多種題型以及學到多篇文章的優點，而只要能從一個題型或一篇文章中學到一二好招、妙招，內化成自己的養分，累積起來就會很可觀了。

5. **查閱和複習方便迅速：**本書儘量在很多地方以條列方式呈現重點，以簡要的文字提醒需要注意的路徑和陷阱，如求救專線一般使我們可以很方便地查詢、記憶。

請記得書只能告訴我們怎麼走，不能代替我們走；請要求自己多做練習，才能把書上的變成自己的。配合書中的習題和範文，眞正動筆去寫，特別是去仿效你認爲「比較困難」以及「特別有感覺」的題型或文章，並且規定自己練習寫作的頻率和時限，多嘗試多修改，以實現自己在考場上的完美演出！

目錄

第2回

第3回

第4回 道心情的「抒情文」……107

第5回 談想法的「論說文」……153

第1回

解析會考寫作測驗

一、怎麼寫好文章

寫文章沒有定律，存乎一心；考試的作文也幾乎沒有公式可言，即使有，也將會造成大災難，因爲當大家都寫得一樣時，分數也會一樣的低。

老鷹有老鷹的飛法，雀鳥有雀鳥的體態，貓頭鷹的美麗黑夜也不是其他鳥類所能看見。文章的巧妙因人而異，寫得好與壞和我們的生活體驗、閱讀累積、文字修養與才情稟賦等息息相關。然而，作文也確實存在許多技巧，考試時如果運用得好，可以讓我們的文章獲得閱卷老師的青睞，得分自然也就高了。

考試的作文和我們一般在學校寫作文以及練習寫文章不同，既有時間壓力，又有公定的評分標準，不能要賴重來，也不能哀求增加時間。然而會考作文的分數又往往是致勝關鍵，許多沒有達到六級分的考生，即使其他學科分數再高，也可能與第一志願無緣，所以我們必須要正視並且重視。爲了打贏勝仗，獲得高分，以下我們就分門別類、循序漸進地學習升學作文的重點與方法。

基本觀念

1. 先看清楚題目

這是最重要的一句話，「看清楚」。把題目當作是一個「問題」，出題者要我們回答什麼，我們就回答什麼；要我們寫「一張」就不能寫兩張，要我們寫「夏天」就不能寫春天，「節日」不要寫成「節目」，要我們常常想起那雙「手」就不能想起那雙「毛」！

2. 要閱讀「說明」

題目之後都會有一小段說明，加以解釋題意，透露一些寫作方向，我們可以從中瞭解題旨，發掘靈感，例如：「生活中，有些事會令我們稱許、讚賞，並衷心地認同：也許是見義勇爲，助人排解紛爭；也許是能眞心懺悔，彌補過錯；也許是爲了自我突破，勇於嘗試……，這些事都値得我們喝采。請以『那件事，眞値得喝采』爲題，寫出你的經驗、感受或想法。」也許我們剛好有過見義勇爲的經驗，這不就成了選材的觸媒？

3. 使用適當文體

瞭解題意，審完題目後，是要回憶？表達情感？描述成長？還是申論主張？必須配合主題和內容決定要採用何種文體：記敘文、抒情文抑或是論說文。

4. 選用好題材

題材的來源包括生活中的觀察、深刻的體驗、名人的例子等等。這要靠平時多累積、從體會中提煉和廣泛地閱讀。

5. 開展思路

抓住靈光一現的想法或語句，安排好寫作順序，草擬下大綱。不妨先將「想法、語句和大綱」快速寫在題目卷空白處（不是作答稿紙）。平常要多讀優秀的文章，學習各種技巧，磨練成自己熟悉的筆法。

6. 總是正面而陽光的結尾

這是考試，我們有必要當好寶寶！

考試10要訣，航向新世界

1. 妥善分配時間：會考作文時間爲五十分鐘，我們必須在時限內完成一篇優秀完整的文章，所以把握時間、善加分配利用非常重要。審題＋大綱約花三至五分鐘；瞭解題意，決定文體和擬定大綱是寫作的架構，寧願好好設定，也不要邊寫邊想、邊想邊改，浪費更多時間。整體寫作時間約四十分鐘，最好預留三至五分鐘檢查。

齊格飛教你一招

「往前，回頭，往前」

最好每寫完一段，就快速瀏覽一遍，可以即時改正錯誤，也能有效連貫下一段的文意語氣。

2. 題目先找「題眼」再翻譯：什麼是題眼？就是題目的關鍵字，如果有動詞，通常就是關鍵字，例如「我曾那樣追尋」的「追尋」、「發現不一樣的自己」的「發現」。而動詞前後的修飾可能也是關鍵中的關鍵，例如「我逐漸明白的一件事」中的「逐漸」，這時就不能寫成是突然的頓悟！此外，「獨處時」的

「獨」，「一份特別的禮物」的「特別」也即是這類題目的題眼。翻譯題目最方便的方式是找出題目與我們要寫作的what、who、when、why、where、how，回答這些也幾乎等於完成大綱（當然，視題型而定，不是每個都要回答）。例如「從那件事中，我發現不一樣的自己」，即是回答哪一件事？內容是什麼？什麼時候發生？如何發現？在哪裡發生？發現如何的不一樣？除了自己還和誰有關？

3. 題材積木排排站（布局、起承轉合）：把要寫的內容依序排好，不論是順敘、倒敘、插敘都要有一定的脈絡，尤其論說文一定要邏輯清楚，有條有理，平時就要好好訓練組織的能力。

4. 文體適當：記敘文就是「說故事」，抒情文就是「道心情」，論說文就是「談想法」。

5. 文長約六百字，不宜短於五百六十字，字跡工整，紙面清潔，語法句式、標點符號要正確。

6. 表達流暢，內容「言之有物，言之有序，言之成理」。善用修辭，若想在詞句方面獲得高分數，便應嘗試用不同的修辭方法，如譬喻、排比、設問、映襯、轉化、類疊等等。文中至少使用三項修辭法，給人多姿多采的感覺，讓閱卷老師知道我們的修辭功力。

7. 段落順序清楚自然：最少四段，首、末段要短而有力，首段入題宜直接快速。

8. 「我是好寶寶」的正面形象：內容要展現善良、積極，不可偏激躁進、憤世嫉俗或者沉重墮落。不要亂批評已有公論的歷史人物，用對例子就好，不必攻訐或翻案。

9. 不能草率結尾：尾段不宜只有一行，要把握好時間。

10.要檢查

(1)默誦一遍（在心裡逐字唸）：字詞不當、文句不順、文意不足的地方都要及時改正。

(2)保持版面的整潔。用立可帶修改，儘量不要用筆塗改，假使要塗改，只要斜槓兩條線，另寫一格即可。

考試8大闇黑禁區

寫作時，千萬不要犯以下的錯誤：

1. 文不對題
2. 取材失當或使用詩歌體
3. 猶疑不決而浪費時間沒寫好、沒寫完
4. 筆跡潦草、筆色怪異（只使用黑色墨水的筆書寫）
5. 提到自己的名字、身分，如有必要提到任何人的名字只用化名（如：小花）或綽號（大頭）
6. 格式有誤（題目要空四格，每段起始要空兩格，結尾要打上句點）
7. 錯別字、簡體字、留下空格（修正遺忘）
8. 用辭低俗不雅，包括髒話、網路用語、火星文、注音文、太新潮的流行語等

二、「國中會考作文」出題與評分原則

根據公告，寫作測驗採用引導式寫作的型式，評量學生立意取材、結構組織、遣詞造句及標點符號等一般的寫作能力，並能掌握以下寫作重點：

1. 能掌握寫作步驟，充實作品的內容，適切地表達自己的思想。
2. 能依審題、立意、選材、安排段落、組織成篇的寫作步驟進行寫作。
3. 能適切地遣詞造句，使用正確的標點符號，完整表達意旨。
4. 能掌握敘事、描寫、說明、議論不同類型的寫作手法。

同時結合課程目標中所要培養的「欣賞、表現與創新」、「表達、溝通與分享」的基本能力，進行寫作能力的綜合評量。

從以上的說明來看，評分的好壞可以濃縮成三個部分：1.佈局安排2.題材3.文筆流暢度。再從下方的評分標準表來看各個級分的判定，也是如此：

作文六級分評分標準

級分	評分規準	
六級分	六級分的文章是優秀的，這種文章明顯具有下列特徵：	
	立意取材	能依據題目及主旨選取適切材料，並能進一步闡述說明，以突顯文章的主旨。
	結構組織	文章結構完整，脈絡分明，內容前後連貫。
	遣詞造句	能精確使用語詞，並有效運用各種句型使文句流暢。
	錯別字、格式與標點符號	幾乎沒有錯別字及格式、標點符號運用上的錯誤。
五級分	五級分的文章在一般水準之上，這種文章明顯具有下列特徵：	
	立意取材	能依據題目及主旨選取適當材料，並能闡述說明主旨。
	結構組織	文章結構完整，但偶有轉折不流暢之處。
	遣詞造句	能正確使用語詞，並運用各種句型使文句通順。
	錯別字、格式與標點符號	少有錯別字，及格式、標點符號運用上的錯誤，但並不影響文意的表達。
四級分	四級分的文章已達一般水準，這種文章明顯具有下列特徵：	
	立意取材	能依據題目及主旨選取材料，尚能闡述說明主旨。
	結構組織	文章結構大致完整，但偶有不連貫、轉折不清之處。
	遣詞造句	能正確使用語詞，文意表達尚稱清楚，但有時會出現冗詞贅句；句型較無變化。

級分	項目	說明
	錯別字、格式與標點符號	有一些錯別字，及格式、標點符號運用上的錯誤，但不至於造成理解上太大的困難。
三級分	三級分的文章在表達上是不充分的，這種文章明顯具有下列特徵：	
	立意取材	嘗試依據題目及主旨選取材料，但選取的材料不甚適當或發展不夠充分。
	結構組織	文章結構鬆散；或前後不連貫。
	遣詞造句	用字遣詞不太恰當，或出現錯誤；或冗詞贅句過多。
	錯別字、格式與標點符號	有一些錯別字，及格式、標點符號運用上的錯誤，以致造成理解上的困難。
二級分	二級分的文章在表達上呈現嚴重的問題，這種文章明顯具有下列特徵：	
	立意取材	雖嘗試依據題目及主旨選取材料，但所選取的材料不足，發展有限。
	結構組織	文章結構不完整；或僅有單一段落，但可區分出結構。
	遣詞造句	遣詞造句常有錯誤。
	錯別字、格式與標點符號	不太能掌握格式，不太會使用標點符號，錯別字頗多。
一級分	一級分的文章在表達上呈現極嚴重的問題，這種文章明顯具有下列特徵：	
	立意取材	僅解釋題目或說明；或雖提及文章主題，但材料過於簡略或無法選取相關材料加以發展。
	結構組織	沒有明顯的文章結構；或僅有單一段落，且不能辨認出結構。
	遣詞造句	用字遣詞極不恰當，頗多錯誤；或文句支離破碎，難以理解。

	錯別字、格式與標點符號	不能掌握格式，不會運用標點符號，錯別字極多。
零級分	使用詩歌體、完全離題、只抄寫題目或說明、空白卷。	

也就是說，重點在於是不是寫出一個有內容、陳述明白、文辭流暢的文章，而不是要求我們寫出什麼月章星句、字字珠璣的偉大宏文，其實只要符合上述評分標準，就能得到六級分。六級分文章不是指毫無缺點的滿分作文，而是那些合題旨、表達好、題材佳的文章。但是要提醒自己，我們平時練習必須要注意改正缺點，以萬全準備對應考試。

分析歷屆試題

依據歷年國中基測與會考的作文題目統計類型如下表：

分類		次數	題目
記敘抒情類	敘事	九	我從同學身上學到的事 那一刻，真美 我曾那樣追尋 那一次，我自己做決定 （體諒別人的辛勞） 我在成長中逐漸明白的一件事 （當我和別人意見不同的時候） 來不及 從那件事中，我發現了不一樣的自己（試辦）
	懷人	二	常常，我想起那雙手 當一天的老師
論說類	說明	四	體諒別人的辛勞（試辦） 當我和別人意見不同的時候 影響生活的一項發明 面對未來，我應該具備的能力
記敘類		三	可貴的合作經驗 夏天最棒的享受 （來不及）
應用文		一	解讀一份關於網路的資料，寫信說服父母改變原來的要求（一〇三特招）

整體而言，大考以記敘抒情文體出現最多，通常是要我們記敘一件事情，再抒發針對這件事情所產生的

感想或體悟，而且著重於自我的心理成長。從統計上來看，出現論說文的比例並不算高，不過第一次的會考卻考了論說文，必須留心準備，而且學習論說文的寫作，對於往後大學考試非常重要。

注意，「當我和別人意見不同的時候」以記敘抒情或說明文形式皆可，「可貴的合作經驗」也可寫成抒情文，「體諒別人的辛勞」寫成記敘論說也是很好的文體，只要言之有物、言之成理即可。但是「面對未來，我應該具備的能力」必須以論說文形式寫作才適當；「來不及」寫成記敘文當然也無不可，不過若不加抒發情感則不容易得高分。

以下將歷屆考題與部分預試題目羅列於後，並以色字點出關鍵字與寫作重點：

一〇三年會考題目：面對未來，我應該具備的能力

說明：即將畢業的你，將邁入人生新的階段，遇到不同的挑戰。面對未來，你認爲自己最應該具備的能力是什麼？也許是培養專業技術、發展多元思考；也許是觀察生活、了解周遭情勢；又或者是學習包容與體諒，積極與他人溝通……。這個能力可能是你此刻缺乏，也可能應該提前準備，以因應瞬息萬變的社會。請寫出你面對未來時，應該具備的能力，並說明其中的理由。

一〇二年會考試辦題目：從那件事中，我發現不一樣的自己

說明：也許你總是無法在籃球場上與人搶快爭球，嘗試練投三分球後，才發現自己可以成爲一名稱職的射手；也許你一直以爲自己內向害羞，擔任義工之後，卻發現自己也可以大方地付出愛與關懷；也許你曾爲嗓門太大感到困擾，卻在園遊會叫賣時，發現自己聲音的特點也可以發揮作用……。你，曾從哪件事中發現了不一樣的自己？又給了自己什麼樣的新評價？請以「從那件事中，我發現了不一樣的自己」爲題，寫下你的經驗、感受或想法。

一〇二年會考試辦預試題目：一股撼動人心的力量

說明：當我國運動員在國際賽事中奮戰不懈，當救難隊在磚瓦中找到震災生還者，當親臨太魯閣見識到大自然的鬼斧神工……，我們總會感受到事物背後一股強烈的力量，因而深受震撼。你曾在什麼樣的事件中，感受到那股撼動人心的力量？請寫出那股震撼你的力量，並說明感受或想法。

一〇二年題目：來不及

說明：生活中有各種來不及的狀況：來不及參加朋友聚會、來不及趕赴一場比賽、來不及說謝謝、來不及阻止紛爭、來不及救援……。這些來不及做的事，可能造成遺憾，但也可能帶來意想不到的結果。請以你的經驗或見聞爲例，寫下你的感受或想法。

一〇二年預試題目：我有勇氣拒絕……

說明：有些時候，「拒絕」是需要勇氣的。面對不應該做的事情，或是自己不想做、沒有能力做的事情……，你如何鼓起勇氣婉轉拒絕，甚至勇敢說不？請以「我有勇氣拒絕……」爲題，寫下你的經驗、感受或想法。

一〇一年題目：影響生活的一項發明

說明：想像一下，沒有眼鏡、牙刷、沖水馬桶、鞋子、照相機……，生活會有什麼不同？許多發明對生活產生極大的影響：鎖的發明，除了保護居家安全，也是對個人隱私權的一種宣示；藥物的發明，除了舒緩個人身體的不適，也可以控制人類疾病的蔓延，但有時也可能因濫用而危害生命。請寫出一項發明，就你的經驗或見聞，說明他對生活的影響。

一〇一預試題目：我嘗試這樣解決問題

說明：遭受別人的誤會，你會怎麼做？明明已經很努力，還是達不到目標，你要怎麼辦？進行到一半的計畫突然遇到阻礙，你又會怎麼解決？在生活中，你曾遇見什麼樣的問題？你又嘗試如何去解決它？請寫下你嘗試解決問題的經驗、想法以及做法。

一〇〇年題目(一)：我在成長中逐漸明白的一件事

說明：人生的智慧會隨著時間慢慢地累積，從前不懂的事也會隨著成長漸漸地明白。或許你透過閱讀與學習，一步步累積知識、拓展視野，理解這個世界：或許你透過交流體會，知道了更多待人處事的道理……。什麼是你在成長中明白的一件事？你又從中獲得了什麼？請以「我在成長中逐漸明白的一件事」爲題，寫出你的經驗，以及體會或想法。

一〇〇年題目(二)：當我和別人意見不同的時候

說明：我們難免會有和別人意見不同的時候，也許對課本知識有不同的理解，也許是對班會提案有不同的立場，又或許是對美味的標準有各自的堅持……。當你和別人意見不同的時候，你會積極地爲自己辯護？或者試著找到彼此的共識？又或者會離開現場，讓自己有思考的空間？請以「當我和別人意見不同的時候」爲題，寫出你的經驗、感受或想法。

九九年題目(一)：可貴的合作經驗

說明：人際互動中，常有合作的機會，譬如：共同討論完成任務、彼此合力進行創作、一起組隊參加競賽……。合作的過程中，大家一起面對考驗，體會到解決問題甘苦，並且累積了許多經驗。請寫下自己與他人合作經驗及其可貴之處，並說明感受或想法。

九九年題目(二)：那一次，我自己做決定

說明：從年幼至今，雖有不少事是由別人替你決定，但或許曾有一次，你自己做決定：決定改變髮型、決定買下渴望已久東西、決定爭取參加活動的機會、決定選擇一條和大家不同的路……。這個決定，不管是否令人滿意，可能都對你有深刻的意義。請敘述一次你自己做決定的經驗，以及你的感受或想法。

九八年題目㈠：常常，我想起那雙手

說明：在成長過程中，或許有那麼一雙手，常常出現在你的腦海。他可能是親人的手、老師的手、掙扎的手，是撫慰、指引的手……。每當你想起那雙手，心中就充滿感觸。請寫出那雙你常常想起的手，以及它帶給你的感受、影響或啓發。

九八年題目㈡：我曾那樣的追尋

說明：在生活中，我們都曾有過追尋：或許是一台可以完成環島夢想的腳踏車，或許是創作帶來的喜悅，也或許是征服一座山的成就感。在追尋的過程中，我們可能有明確的方向，也可能覺得迷惘。我們付出努力、留下汗與淚，那苦澀或甜美的滋味，都是生命的一部分。你曾有過怎樣的追尋？你又爲何追尋？請寫出你的經驗、體會或想法。

九七年題目㈠：當一天的老師

說明：求學至今，你遇到許多不同的老師，如果請你當一天老師，你會做些什麼？是在家政課上，安排學生服裝表演？還是帶領學生進行户外教學？或者是整天都面帶微笑，不責備學生？……請寫出你的想法與做法。

九七年題目㈡：那一刻，真美

說明：生活中有許多動人而美好的時刻：也許是走出户外，發現山的壯麗與海的遼闊；或者是閱讀的時候，某段文字觸動了內心；也可能是在大雨中，看見父母爲子女遞送雨傘的身影……那些動人的時刻，總是給我們美好的感覺。請寫下你生活中美的那一刻，說明它的特別之處。

九六年題目㈠：夏天最棒的享受

說明：豔陽高掛，暑氣炎炎，有時讓人精神振作、充滿活力。有時又使人汗流浹背、苦不堪言。你可能很喜歡在酷熱的夏天裡運動、閱讀、乘涼，甚至吃火鍋……。你覺得在夏天最棒的享受是什麼？請寫下你的經驗、感受或想法。

九六年題目㈡：我從同學身上學到的事

說明：在我們求學的過程中，曾遇見許多同學。每個同學都有各自的特點，從他們身上，我們可以學到一些事，因而影響了自己的想法或行爲。請就你的經驗、感受或想法，寫出從同學身上所學到的事。

九五年題目㈠：體諒別人的辛勞

說明：一天的生活當中，有許多人爲我們做許多事，不可能凡事只靠自己。如果能多體諒別人，懂得感謝和寬容，不僅自己覺得快樂，家庭、社會大眾……，哪些人爲你付出、爲你服務？你應當用什麼樣的心態、行動來面對或回報他們？若他們的付出或服務不能盡如你意時，你又該如何？

平時練習畫出或圈出題目關鍵字以及說明中的重點，幫助自己審題與思考。

觀摩六級分與五級分文章的差異

爲什麼有些文章可以得到六級分，而有些文章好像也不是太差，也很通順，卻得不到最高級分，甚至又因爲幾個錯字和標點錯誤落得只有四級或三級分，這中間的差別，我們用以下兩篇相同題目的文章來比較說明：

一〇〇年預測試題題目：我看追星族

說明：在各個領域中，都有一些發光發熱的明星令人著迷，或者是技藝出色的運動員，或者是文字動人的作家，也或者是唱作俱佳的藝人……，他們不只是追星族的目光焦點與追逐目標，更左右了許多「粉絲」（fans）的情緒起伏。你是否也是追星一族？你如何看待種種追星的現象呢？請根據經驗或觀察，寫下你的感受與想法。

※不可在文中洩漏私人身分

※不可使用詩歌體

我看追星族

（6級分樣卷／心測中心）

「啊！」又是一陣迸發著爛縵花瓣的笑聲，此起彼落地縈繞在教室中。每天一早，班上總會有一群死心塌地的少女們，對著報紙上那個微笑著的男孩又親又叫的，正值青春年華的追星族們，總是特別瘋狂的。瘋狂的理由是說不盡的，有人被偶像那股淡愁似的笑容痴狂；有人總在他低迴繚繞的嗓音中無法自己；也有人爲他做事的那股熱情和拚勁而著迷不已。理由總是說不夠的，唯一相同的，或許是提及自己心中的偶像時，眼神中所迸發的神采吧。

說到偶像，或多或少在生活中總是有那麼個讓人心生愛慕的偶像吧！對我而言，我最喜歡的偶像便是張曼娟。提及張曼娟，使許多我身旁的朋友都怔住了眼，對她們而言，偶像，無非就是一些在舞台上活躍的藝人或運動明星，而不是一個作家。記得在我國一的時候，因緣際會地拜讀了張曼娟的《緣起不滅》一書而成爲了她的書迷。每一次當我細細地品嘗她的著作時，總給我一種不一樣的啓發和感動，像首動人的樂章，字字像跳躍的音符滴入我的心間。那是種難以用文字形容的微妙感受，也從此開啓了我對張曼娟的追星之途。我收藏了所有她的書籍並且將每一本書的內容都一而再、再而三的細細品味；我仔細觀察她文字間的魔力，逐一字句地把書中的文句記憶下來；我更細心走訪所有她曾到過的地點，想從中和她尋得相同的悸動；我也如同許許多多的追星族一般，花了兩、三個小時的漫長等候，只爲了要見心目中的偶像——張曼娟一眼。那段青春歲月是瘋狂的，但卻也使我樂此不疲，我想那時供應小小年紀的我的精神糧食，或許只是那一種對偶像強烈的欣賞之情吧！隨著歲月的流逝，那一種爲夢想燃燒出的熱情似乎也在時間的覆埋下，逐漸烏有了。看著身旁千千萬萬個拜倒在偶像光環下的追星族們，我卻不免替她們感到擔心。我能體會那種在心中洶洶湧動的激情，也能感受那種想爲自己心目中的偶像追隨一生的夢想，但夢想回歸夢想，在一陣激情過後，帶給你的，是成長？是新的目標或態度？或純粹是一種無謂的精神奉獻？甚而之是一種無形的錢財浪費？這或許才是追星族們，在熱情與尖叫聲中，首要面對的吧！

追星，不全然是件壞事，我甚至很羨慕那些追星的人，對自己的生活和偶像所抱持著的熱情與夢想。但如果過於超過的追星模式或太過瘋狂的行爲舉止，便失去了那種追星的意義。追星，或許不僅僅是追逐遠方那顆遙遠的星，也是對自己的生活，許下另一個未來吧！

我看追星族

（5級分樣卷／心測中心）

對於以前的我來說，追星根本是不可能的事情。因爲那些唱作俱佳的歌手或演技精湛的演員總是光鮮亮麗地出現在電視上，感覺離我們遠遠的，就像貴族與平民那種疏遠的關係。但是不知道是不是隨著年紀的增長，我好像也漸漸地陷入「追星族」的風潮。

我認爲我還算是理性的粉絲，我不是只注重外表而已，我還要看他是不是有特別的歌聲或是出色的演技。我不像某些粉絲，他們有著可怕的瘋狂行徑，有些人甚至爲了那些明星能多注意他一點就不擇手段地想盡各種方法來引起注意。這種行爲在那些明星眼中只會被歸類爲令人頭痛的舉動。我覺得這種事情點到就好了，不用過度地癡迷，因爲追星只是爲了滿足自己的某種慾望罷了，對於自己的人生幾乎是沒有太大的幫助。我不懂爲什麼有人可以爲了自己的偶像砸下大筆的金錢，儘管自己的存款已所剩不多了。你做了這麼多事，又不會因此換來明星的注意。我只希望大家不要那麼的瘋狂，明星也是人，他們也是需要隱私和自由的，太多的輿論或注意對他們來說也只是困擾與壓力。

那些偶象（應爲「像」）明星的存在對我來說是好的，因爲我可以從中獲得動力，激發自己的戰鬥力，不會總是無聊沒目標地讀書。媽媽會讓我去演唱會來當作考試考好的獎賞。偶爾出國或去個演唱會朝聖一下，都是不錯的紓壓方法。追星不完全是盲目的舉動。

【級分分析】

※立意取材：能依據題目及主旨選取適切材料，並能進一步闡述說明，以突顯文章的主旨。

一、內容應發表自己對追星族的看法，以及自己的經驗：

六級分的文章舉自己追張曼娟的例子，自我省視後，對照現在追星的現象，能夠理解但也提出擔憂。而五級分的文章雖然也舉了例子，但自身的經歷不夠具體，對於追星的看法則太偏於負面。

二、抒發自我的感受、體會：

六級分文章剖析比較深入，感受性比較強，而且指出了追星過度之弊害，定義眞正健康的追星意義。五級分文章雖然強於說理，但不夠深入，少了一點心靈層次的描述，而且少了一種從反面觀察得來的成長，自己的例證也較不足。

※結構組織：文章結構完整，脈絡分明，內容前後連貫。

兩篇文章的結構都尚稱完整，理路也都很清楚，但五級分文章弱在比較自己與對他人的看法過於懸殊，缺乏轉折，使得讀者不易認同。而六級分文章也不是沒有缺點，第二段過長，其實可以分成兩段。

※遣詞造句：能精確使用語詞，並有效運用各種句型使文句流暢。

六級分的文章使用排比法引出自己的印象、想法，以順敘法描述自己的經驗，也有設問、譬喻等來抒發感想，而且選取並突出一個場面，刻畫重要情節，最後也能首尾呼應，整體而言，文字技巧比五級分文章高明，五級分文章則太過於口語。

※錯別字、格式與標點符號：幾乎沒有錯別字，及格式、標點符號運用上的錯誤。

兩篇文章的錯字與標點錯誤都並不嚴重，這時這項標準影響不大。

從以上分析，告訴我們要於平素的練習中不斷地加強、修正而進步，把自己的文章提升到穩坐六級分的寶座。

三、文章的結構方法

如何擬定大綱

審完題後，確立了題旨，也就是明白了題目在說什麼，也瞭解了出題老師要我們「回答的問題」之後，我們要開始整理思緒，將我們要呈現出來的文章安排好「位置」，像是安排棒球隊的打擊次序，或是芭蕾舞團的舞者上台順序與表演區位一般，給予最好的發揮空間。以下有三個思考方向以及一個寫作結構法來幫助我們：

1. 排積木：把「要回答的內容」分作段落，然後編上號碼，依序審視一遍，看看次序有沒有問題，也即是之前提到的「題材積木排排站」。
2. 調畫面：設想或回憶「四個至六個的畫面」，將這些畫面排好位置，不論是要順敘、倒敘或插敘，都一一安排好。這是記敘文與抒情文最好用的方式。
3. 正反合：論說文體可以依「總說明」、「正面論述與舉證」、「反面論述與舉證」、「呼應總結」的架構進行。

小恐龍結構法：這方法幫助我們設定文章結構，擬定大綱。

1. 頭尾小，中間大，以五百六十至六百五十字做標準，比例爲四、八、八、四（約略行數）。
2. 大致分三部分（但不是三段，最少是四段）。「緒論」、「本論」加上「結論」，「本論」最少二段。

小恐龍結構法

頭
觀點、印象或想法

肚
1.說明、舉例（描述經驗、見聞、故事、名言佳句、證據等）
2.轉折、補充（其餘論點、從反面或其他方面來描述，或者改變、成長）

尾
感想、期望

3. 恐龍頭：觀點、印象、想法。首段先針對人、事、時、地、物寫出自己的觀點、印象或想法，並配合修辭如譬喻或排比，引起閱卷者的興趣。

4. 恐龍上腹：說明、解釋、定義、舉例。論說文應舉自身或名人的事例、名言佳句等作輔助證明。記敘文、抒情文則應具體寫出事件起始或心情觸動原由，使閱卷者有身歷其境的感受。

5. 恐龍下腹：轉折、反證、引伸、補充。用不同觀點多方面說明，如果第二段是正面，第三段便從反面或側面描述。舉例來說，論說文在此段需要舉出反面的例子，或者說明反面的弊害，加上反面的例證。描寫一個人，除了外貌、行為和說話，也要從性格、環境和他人反應來描述。如果敘述一件事情就要有「轉折」，不論是事情本身或是心情變化都在此段加以描寫或補充。最重要的是為結論的高潮做好鋪排。

6. 恐龍尾巴：感想、期望、勉勵。論說文可以用總結、呼應、引用等方法，而在考場中，採用「感想、期望或勉勵」法是最好用且討喜的方法。「感想」是對前文整體性的總結，說出自己的感受、感觸、感動等；「論述」則要有客觀理性的肯定；「期望」則是對前述的對象或是自己抒發願望和期待，「勉勵」則是以激勵自己或是他人、社會大眾為對象。

齊格飛教你一招

「畫畫小恐龍大綱」

拿到作文題目，審完題之後，以這個小恐龍法來架構文章，幫助我們擬寫大綱，十分好用。建議練習先畫出略圖後，將大綱依序填寫上去，寫作時作為參照，會使我們的文章架構清楚有邏輯，流暢有序。

接下來，後面的篇章先從語詞修練開始，學習修辭，練習文章開頭、結尾，然後依序從最基礎的記敘文發韌，再觀摩學習抒情文及論說文寫作。

第2回

語詞認知與寫作

一、修辭簡介與練習

寫作的修辭有如梅林手中的魔杖，又渾似俠客對敵的劍招，又像是淑女妝奩中的粉黛，當然也可以說是三星大廚的調味料；可以使文字產生奇妙的變化，在語林文海中一爭雌雄，使文章登場時美麗動人，當然，也可以讓語詞得到加味、提味、醒味的效果。語文敘述時，善用修辭必能將溝通、互動與欣賞上的生硬枯燥轉變為妙趣橫生，索然無味變身成味勝易牙[註]！

試試看，找出詞句中用了哪些修辭法

1. 我提筆的手勢擱淺在半空中，無法評點眼前這看不見、摸不到的一卷聲音。（〈夏之絕句〉／簡媜）——（　　）

2. 這些話語，多元而奇想，隱喻又顯像，荒謬卻旖麗。（〈美學行銷策略〉）——（　　）

註　易牙，古時最善於調味的人。味勝易牙指味道比易牙所調的美味。比喻味道很好。如：「他手藝一流，道道味勝易牙。」這裡指文章引人入勝，回味無窮。

參考答案：1.轉化、類疊；2.排比、映襯；3.鑲嵌、排比、對偶；4.譬喻、轉化、對偶；5.層遞、頂真、對偶；6.引用、排比；7.誇飾、鑲嵌、對偶；8.譬喻、映襯、頂真。修辭可以同時使用。

3. 春裁方勝著新羅，夏換輕紗賞綠荷；秋有新蒭香糯酒，冬來暖閣醉顏酡。（《西遊記》／吳承恩）——（　　）

4. 好鳥枝頭亦朋友，落花水面皆文章。（〈白鹿洞學規〉／朱熹）——（　　）

5. 天時不如地利，地利不如人和。——（　　）

6. 左宗棠曾經寫過一個對子：「茶，喝茶，請喝茶；坐，上坐，請上坐。」——（　　）

7. 千山鳥飛絕，萬徑人蹤滅。（〈江雪〉／柳宗元）——（　　）

8. 花是不會飛的蝴蝶，蝴蝶是會飛的花。（《花和蝴蝶》／林煥彰）——（　　）

以下我們學習並練習幾個常用且好用的修辭，來加強潤飾文章的功力。

譬喻

運用有「類似點」的那個（即喻依），來比方說明這個（即喻體），也就是「借彼喻此」，又稱比喻、打比方，是一種最常見、最活潑、最有情趣的語文表達方式。「精彩的譬喻，像是童話中的魔法棒，碰到哪兒，哪兒就產生奇特的變化；它也像是一種化學藥劑，把它投進水裡面，頃刻之間，一切雜質都沉澱了，水也澄清了。」（〈譬喻之花〉／秦牧）一般可分爲明喻、隱喻、略喻以及借喻：

1. 明喻

喻體（A）、喻詞（B）、喻依（C）三者都具備。喻詞是：像、好像、彷彿、如同、有如、宛如、似、恰似、若……等等。

例句：在燈草胡同，一條好深、細得像筷子的巷子盡頭。

A：巷子　B：像　C：筷子。

例句：她的笑，宛如冬日濃重鉛雲中綻露的一抹暖陽。

A：　B：　C：　（笑；宛如；暖陽）

例句：你底心如小小的寂寞的城／恰若青石的街道向晚。（〈錯誤〉／鄭愁予）

A：　B：　C：　（心；如、恰若；城、街道）

例句：一個人的缺點，正像猴子的尾巴，蹲在地上的時候，尾巴是看不見的，直到他向樹上爬去，就把後部給大家看了。（《圍城》／錢鍾書）

A：　B：　C：　（缺點；像；猴子尾巴）

■ **練習**

朋友像：

親情像：

2. 隱喻

又稱「暗喻」。它的構成形式也是喻體、喻詞、喻依都同時出現。隱喻和明喻的主要差異在「喻詞」。隱喻的喻詞，在白話文常見的有「是、就是、當作、變成、等於、不啻、成了、眞的是」等等；在文言文常用的有「乃、成、即、爲、做、也（在句末）」等等。

例句：對於不會說話的人，衣服是一種語言，隨身帶著一種袖珍戲劇。（〈更衣記〉／張愛玲）

例句：男人是動詞，女人是名詞，串起來是酸甜苦辣的情詩。（〈愛的形容〉歌詞／鄔裕康）

例句：人是一條繫在深淵上方的繩索；走過去危險，停在中途也危險，顫抖也危險。（《查拉圖斯特拉如是說》／尼采）

例句：對台灣的中學生來說，考試是酷刑，課本是刑具，老師不過是監刑官，而家長則是（　　　　）。（塡塡看）

■ 練習

白天／夜晚：

3. 略喻

省略喻詞，只有喻體（A）、喻依（C）的譬喻，叫做略喻。

例句：女人心，海底針。

↓省略「像」，即：女人心（A）「像」海底針（C）。

例句：人怕出名，豬怕肥。

例句：老驥伏櫪，志在千里；壯士暮年，壯心不已。（〈步出夏門行．龜雖壽〉／曹操）

例句：橋，搭築在兩岸之間；友情，聯繫於兩心之間。（〈北窗下〉／張秀亞）

■ **練習**

溫柔鄉，

人不讀書，

4. 借喻

省略喻體、喻詞，只剩下喻依，稱爲借喻。

例句：撒了滿天的珍珠和一個又圓又白的玉盤。（〈夏夜〉／楊喚）

例句：吾自遇汝以來，常願天下有情人都成眷屬；然遍地腥羶，滿街狼犬，稱心快意，幾家能夠？（〈與妻訣別書〉／林覺民）

例句：甜蜜的糖果，致命的毒藥，而戀人啊，急著服下。

例句：龍困淺灘遭蝦戲，虎落平陽被犬欺。

練習：再舉出幾個俗諺中「借喻」的例子

一朝被蛇咬，

狗改不了

種瓜得瓜，

巧妙的譬喻，可以化腐朽為神奇，甚至會比直接描述、說理更有效果。建議平時多練習運用聯想、想像，練熟幾個譬喻成為自己常用的語法，並多與其他修辭如排比、映襯等同時配合使用。

排比

排比是一種對句法，利用三個或以上平行結構的句子形成加強氣勢的效果，也就是用長度類似、意義相關的詞、短語或句子排列起來，重複表達主旨。好的排比可以加強文章的節奏感，利於表達強烈的感情或思想，提高可讀性。值得注意的是，「對偶」儘量避免同義或相同之字，排比卻往往字同義也同，而且每句字數不必一樣。

例句：表情如夢幻泡影，多變而自在，橫生又直接，瞬息卻永存。

例句：可以發現某些具備不同特質的人會在專有領域裡發出特異的光芒，像是在同一植株上開出異色的花朵、在同一類海星中長出奇怪斑點、在同一鳥群中飛得比較變態。

例句：那是最美好的時代，也是最惡劣的時代；
是智慧的時代，也是愚蠢的時代；
是信仰的時代，也是懷疑的時代；
是光明的季節，也是黑暗的季節；
是充滿希望的春天，也是使人絕望的冬天。（《雙城記》／狄更斯）

例句：不管你多麼眞誠，遇到懷疑你的人，你就是謊言。不管你多麼單純，遇到複雜的人，你就是充滿心機。不管你多麼天眞，遇到現實的人，你就成了笑話。不管你多麼專業，遇到不懂的人，你即是空洞。——他們眼中的你，有時不是你，是他們自己。永遠別太在乎他人的評價。（陳文茜）

例句：山無陵，江水爲竭，冬雷震震，夏雨雪，天地合，乃敢與君絕。（〈樂府・上邪〉）（可愛的翻譯：山不再凹凸，江水都乾了，冬天打雷轟隆隆，夏天下雪嘩啦啦，天和地黏在一起，我才會和你說bye-bye。）

齊格飛教你一招

「將例子排排站」

「排比」運用在考試或比賽類型的作文，很容易表現修辭能力，也能拉長文章，增加語勢與豐富性，建議一篇文章中至少使用一次。在舉例時，也儘量將多個例子以排比方式簡短而有力地呈現出來。

■ 練習

試試看排比法聯想：家是什麼？友情是什麼？

設問

行文中提出問題，產生懸疑效果，或者要人反省，或者要人同理，使文章有了互動的節奏。一般分爲：

提問：先提出問題引人注意，再自行作答。（自問自答）

激問：以問句反證主張或看法，或增強氣勢。（答案在問題的反面）

懸問：內心有疑問的問句。（答案不知道）

例句：世界上有什麼不會失去的東西嗎？我相信有，妳也最好相信。（《一九七三年的彈珠玩具》／村上春樹）——提問

例句：人生到處知何似？應似飛鴻踏雪泥。泥上偶然留指爪，鴻飛那復計東西？（〈和子由澠池懷舊〉／蘇軾）——提問

例句：這天氣陰晴不定，到底老天爺在發什麼癲？——懸問

例句：什麼是路？就是從沒有路的地方踏出來的，從只有荊棘的地方開闢出來的。（〈生命的路〉／魯

迅）——提問

例句：當年美麗的校花，怎麼會變成如今這個樣子？——懸問

例句：待在原地空想，夢想就會實現嗎？——激問

設問法可以運用在文章段落的起始，考試作文以提問爲佳；藉著自問自答，可以活潑文章，也能刺激思緒，使內容更爲紮實，所以建議可以多採用於論說文體。

轉化

轉換描寫對象本來的性質，擬化成另一種與本性完全不相同的物或人來加以形容描述，又稱爲「比擬」。分成擬人、擬物以及抽象／具體互換三種。

例句：玫瑰綻放高傲的微笑。——擬人

例句：說到料理，突然往事歷歷在目，迴光反照似的，吃過的食物突然間全都還魂。——擬人

例句：有些樹種的風格嚴謹而穩重，有些是細緻溫柔，有些則是飛揚瀟灑，有些呈堅毅不屈以及永恆的「身姿」。（〈遇見一棵樹〉／王家祥）——擬人

例句：那樣的冷清徬徨，悄悄在她心底著了床。——虛轉實

例句：好銳利的喜悅刺上我的心頭。（〈鳥〉／梁實秋）——虛轉實

例句：春，踏著芭蕾舞女的碎步，潛入了我的曬堂。（《最後一曲圓舞》／胡品清）——擬人

例句：夢魘的利爪緊緊攫住我，幾乎無法呼吸。——虛轉實

例句：花間一壺酒，獨酌無相親。舉杯邀明月，對影成三人。（〈月下獨酌〉／李白）——擬人

例句：正義被綁著示眾，眞理被蒙上眼睛。（〈在浪尖上〉／艾青）——虛轉實

例句：咱們老實，才有惡霸，咱們動刀，惡霸就得夾著尾巴跑。（〈龍鬚溝〉／老舍）——擬物

轉化的練習相當重要，擬人可以使事物變成生命體，擬物則讓人變化成神似的動物，也能將抽象的感覺變成活生生的具體，文章因而趣味盎然，活潑而生動，讀者特別是閱卷老師會覺得有親切感、有想像力、有創造性。建議在描人、詠物抒情時多加運用。

■ 練習：寫出轉化手法

眉黛有如萱草色，裙紅好似石榴花。——譬喻

眉黛奪將萱草色，裙紅妒煞石榴花。——（　　　）（黃慶萱《修辭學》）——擬人

青春就像鳥兒飛走了。——譬喻

青春小鳥一去不回來。——（　　　）——擬物

誇飾

用誇大的方式突出主體，也就是以遠超過客觀事實、不顧及科學及常理的描述，令人產生特別的印象。通常有針對時空間、數量、情感、形象、大小等各種誇飾。

例句：左邊的鞋印才下午，右邊的鞋印已黃昏了。（〈煙之外〉／洛夫）——時間

例句：忽有龐然大物，拔山倒樹而來，蓋一癩蝦蟆也。（〈兒時記趣〉／沈復）——空間

例句：才剛打開門，寒風迎面呼嘯，還以為到了南極。——感覺

例句：她的淚珠滾滾而下，每一顆都足足有饅頭那麼大。——體積

例句：君不見黃河之水天上來，奔流到海不復回。
君不見高堂明鏡悲白髮，朝如青絲暮成雪。
人生得意須盡歡，莫使金樽空對月。
天生我材必有用，千金散盡還復來。（〈將進酒〉／李白）——空間、時間、數量

例句：問君能有幾多愁，恰似一江春水向東流。（〈虞美人〉／李煜）——數量

例句：媽媽的廚藝非凡，只要菜一上桌，全家垂涎三尺。——感覺

使用誇飾法時要特別注意，雖然誇飾可以令人印象深刻，甚至語出驚人而有震撼或是詼諧的效果，但是如果「吹牛」過頭，以辭害意，那就得不償失。所以必須注意文字的美妙，用於適當之處，假如是求「眞」

的論理說明時，便不可過於誇張。

■ **練習**

炎熱的夏天

考試時

摹寫

將自己對事物的各種感官感受，加以形容描述，有視覺（眼）、聽覺（耳）、嗅覺（鼻）、味覺（舌）、觸覺（身）、意（心、感覺）等。不可小看摹寫的威力，觀察細膩、刻畫深入、豐富多彩的五感描寫有時反而更能使人感動，一種直接而明白的感動。

例句：這早起是看炊煙的時辰，朝霧漸漸地升起，揭開了這灰蒼蒼的天幕，遠近的炊煙，成絲的、成縷的，成捲的，輕快的、遲重的，濃灰的、淡青的、慘白的，在靜定的朝氣裡漸漸地上騰，漸漸地不見……。（〈我所知道的康橋〉／徐志摩）——視覺摹寫

例句：樹影幢幢，枝葉沙沙低語，林地了無聲息。樹幹光滑如白色骸骨，林木森黑雲霧裊裊，樹梢之上蒼穹遼闊，寒冽颼冷，不見星光亦無月影，卻有詭譎熒光在林間閃現。（《貓戰士》／杭特，高子梅

譯）——視覺、聽覺、觸覺摹寫

齊格飛教你一招

「文字疊疊樂、嚇嚇叫」

摹寫可以多多運用類疊如慢慢地、淚潸潸、香噴噴、酸溜溜、白白胖胖、陰森森、迢迢牽牛星；悄悄地……悄悄地……、我愛上……我愛上……、忘不了……也忘不了……。狀聲詞如淅淅瀝瀝、窸窸窣窣、哇哇叫、轟隆一聲等等來形容事物，使文句有韻律感，有活潑的姿態，非常適合用於記敘文。

■ **練習**

我的同學看起來

□□的滋味

映襯

將事物或是觀念對比出來，突顯相反、對立的概念，即為映襯。映襯可以增強語氣，也可以使內含的意義更為明白。一般分為：

反襯：針對同一對象如人、事、物，以相反本質或現象的詞語形容。

對襯：針對不同的對象，從不同的觀點來形容。

雙襯：針對同一對象，從兩種不同的觀點來形容，造成強烈對比。

例句：鄙人代表本會，對各位的不吝賜教表示十二萬分的謝意（好了，好了，總算開完會了，受不了，下次這種事抵死也要推老王來）。至於趙愛說先生的寶貴意見（這種不切實際的書生之見有個屁用）；錢亂講先生的卓識（這人牙都老掉了，怎麼舌頭還如此靈活）；孫貪話先生的十項原則（這個年紀輕輕就大放厥詞，三五年後還得了）……總之，各位先生女士的意見，我們不久的將來會印成專冊，以供各單位保留（那也就是各位的意見壽終正寢的時辰啦！）。（〈答詞表裡〉／張曉風）——反襯

例句：有缺點的戰士畢竟是戰士，完美的蒼蠅也終竟不過是蒼蠅。（〈戰士與蒼蠅〉／魯迅）——對襯

例句：內部裝潢是很有品味的低調奢華，不，是中調奢華，黑、灰、白、金的現代西洋風，伴著唐三彩。——反襯

例句：我達達的馬蹄是美麗的錯誤，我不是歸人，是個過客。（〈錯誤〉／鄭愁予）——雙襯

例句：思想的巨人，行動的侏儒。——雙襯

例句：現在，都市進入夢鄉，這兩個人反而完全清醒了。（〈喇叭手〉／劉非烈）——對襯

例句：我是一個極空洞的窮人，我也是一個極充實的富人——我有的只是愛。（〈愛眉小札〉／徐志摩）——雙襯

例句：一沙一世界，一花一天堂。（〈天眞的徵兆〉／布萊克）——反襯

映襯的美妙之處，在於使讀者受到衝擊，好像一時踏過黑夜與白天，會有腦袋一醒的效果。多練習將可以對比的人物、觀念、物體等並列描寫，使其衝突點呈現絕對的黑白、好壞、大小、輕重、高下等等。可以多寫幾句形成排比，如狄更斯的《雙城記》開頭，或者與譬喻、層遞法並用，如：「一個和尚有水喝，兩個和尚沒水喝。」尤其論理時要多加使用，例如：「沒有是非的正直不是正道，沒有是非的寬容只是姑息；沒有求善的正直只是苛酷，沒有求善的寬容只是放縱；沒有原則的正直欠缺標準立場，沒有原則的寬容只是討好隨俗。」不斷地理直而氣壯，使整個氣勢都高漲了！

■ 練習

鄉村、都市：

學生、學校：

齊格飛教你一招

「強迫中獎，修辭跑不掉」

為了熟練修辭，可以強迫自己練習，在每一篇文章中的每段開頭，強迫自己使用一種修辭法，四段文章就會有四種修辭練習，例如：

第一段開頭：譬喻法

第二段開頭：設問法

第三段開頭：轉化法

第四段開頭：排比法

順序可以自行安排。如此，久而久之自然能加強修辭功力。

二、好用句構寫寫看

■與其……，寧可／不如……（與其在腳踏車上歡笑，寧可／不如在跑車上哭泣。）

■總是……，總是……（總是到了臨睡前才發現功課沒寫；總是到了7-11才發現口袋沒錢；總是在轉身離去時才發現忘了說再見。）

■從……到……，像是從……到……（從麗江到上海，像是從昨天到明天。）

■有人……，有人……，而我……（有人追求排著長長隊伍的美食，有人風靡流行的偶像明星，而我只喜歡安安靜靜地讀一本書。）

■儘管……，但是都如此……（儘管他們運用的手法不盡相同，但是都如此地華麗，如此穿山破水。）

■即使……，值得……的是，……（即使做的事這麼平凡，值得敬佩的是，從中透露出的非凡堅持。）

■這也是……，難道不是？（這也是一種過人的意志力，難道不是嗎？）

■讓……，讓……，讓……吧！（讓街燈照亮暗處，讓孩子沒有恐懼，讓他們的未來充滿希望吧！）

■這一次的……，讓我瞭解……（這一次的難忘經驗，讓我瞭解，人與人是不可能不產生聯繫的。）

■可以沒有……但不能沒有（一個人可以沒有背景，但不能沒有背脊骨。）

■寧願……，也不要……（寧願面對風浪的襲擊，忍受冰山的冷漠，舔舐劍戟的傷口，也不要躲在安全的象牙塔中顧影自憐，不要在安排的無菌安樂窩中不死不活。）

三、文章的開頭

作文的開頭沒有固定形式，但要如何寫得吸引人，一下子就能抓住讀者的目光，必須要經常練習，進而擁有幾個熟練的起頭技巧。運用細密的構思與醞釀，力求與眾不同，創造深刻印象，「開卷之初，當有奇句奪目，始之一見而驚，不敢棄去。」（李漁〈閒情偶寄〉）如何有奪目奇句？建議多結合如排比、譬喻、轉化、設問等幾個修辭法。以下舉出五個常用的開頭法：

「嗨！就是我」法

也就是單刀直入、開門見山，一起筆即道出主題、點破旨趣、寫下重點。這是最常用也最妥當的寫法，但容易了無新意，所以必須配合譬喻、排比、層遞、設問等修辭法一起運用，才能使人眼睛一亮。

例句：我愛鳥。（〈鳥〉／梁實秋）

例句：我不喜歡弟弟，他老是和我在爸媽面前爭寵；我不喜歡弟弟，他老是搶我的玩具；我不喜歡弟弟，他只要搶輸就哭；但是……。

例句：我很幸運，因爲父親是荒野協會的會員，從小我常跟著父親走向大自然，在戶外閒情中，探索、觀察、體驗、反思、有得……。

例句：值得讚賞的，並不是成功所帶來的心滿意足。天從人願固然可喜；但眞正令人敬佩的，該是成功背後

所支付的努力。（〈成功〉／鄭頻）

考試時寧可單刀直入，也不須冒險使用所謂冒題法或迂迴法，以免因為不當地使用而讓自己陷入繞不回正題的窘境。

■ 練習

我的興趣

「是他說的」法

也就是借力使力，引用名人名言、佳言、警句、俗語諺語等作為開頭，可以明引，寫出何人所言，一定要正確，不可張冠李戴。暗引則要清楚內容，不可模糊不清。所以，如果記不清楚出處，可以用：「曾經有人這麼認為：」或「古語有云：」或直接引號「」內文做開場，但如果只是轉述意思，不可加引號。切忌不可以不知為知之，反而弄巧成拙，例如很多人寫孔子說：「食、色性也。」錯！這是告子（出自《孟子》）講的好嗎？

例句：子曰：「己所不欲，勿施於人。」多體諒別人，寬恕別人，並為他人著想才是向善的正道。

例句：「冬天已經來了，春天還會遠嗎？」不管做什麼，不可能樣樣順利，總會有險阻障礙，也許是人為的傷害，也許是環境的時不我與；然而努力熬過冬天，便會是百花綻放、鳥兒千啼萬囀的春天了。「天將降大任於是人也」，必要有一番的寒徹骨，不是嗎？

例句：安迪．沃荷說：「每個人都有機會成名十五分鐘。」這一次佔領立法院的學生領袖，顯然已經成為全國知名人物，也是許多大學生的偶像了吧。

齊格飛教你一招

「管他誰說的」

引用法可以用任何人的話，只要覺得有用即可，不一定要是名人偉人，家人、師長、同學、朋友的話，只要是有意思、符合文意的都可使用。建議多背一些外國人的名言雋語，因為是外文翻譯，所以寫作時不必要求逐字逐句無誤，不會因此而被扣分。中國古名言則不然，必須一字無差。

「來！我教你」法

也就是解釋說明法，起筆先解釋題意，宜用在題目需要解釋或有特殊見解的時候，解釋時要力求簡明扼要，抓住重點。

範例：

我認爲最佳的創意是「咦？怎麼我沒想到」。其實最厲害的創意都簡單得驚人，「這個一看就懂，怎麼就是他想到了，我沒有早一點想到」。而所謂的創新精神可以理解爲不落於窠臼、不同於旁人、不流俗於周遭環境的開創、創造、創意、發現、發明與巧思等表現。

範例：

一個正直的人並非不近人情、不苟言笑，而是在大是大非判斷處，張得開眼光；在大公無私的浪頭前，站得穩腳步；在權勢豪強的脅迫下，挺得起身段。

說明必須清楚、有條理、有創見，語氣要堅定，寧可有些武斷，也不能模稜兩可，要抱持著我就是如此有見識、有想法的心態去寫。這個方法常用於說明類論說文。

「敲敲門」法

也就是設問法，用疑問句作爲開頭，開頭用設問可以引起好奇心，考試時也非常討好。但是不管自問自答或問而不答，都要巧妙安排，要能問出重點，不可以莫名其妙、天外飛來一筆，所以必須先考慮清楚後續的鋪陳。

範例：

一般人追求的是什麼呢？是名？是利？是地位？是權力？是刻骨銘心的愛情？還是平凡安穩的家庭？我思索著，什麼是值得我一生追逐的夢想？

範例：

燕子去了，有再來的時候；楊柳枯了，有再青的時候；桃花謝了，有再開的時候。但是，聰明的，你告訴我，我們的日子爲什麼一去不復返呢？──是有人偷了他們罷；那是誰？又藏在何處呢？是他們自己逃走了罷；現在又到了哪裡呢？（〈匆匆〉／朱自清）

範例：

人與人互動難免產生情感，那麼什麼樣的情感紐帶才是健康的呢？依賴？互虐？相互利用？相互批評？犧牲自我？這些都不是好的人際關係，也無法走得長久。

設問不僅適合用於首段，第二段起始、段落中也可加以運用，但此方法不同於「引用」，不可使用過度，同一文中最好不要超過兩處，以免缺乏變化導致失分。

「變形金剛」法

也就是移形換影、譬喻以及轉化法。使用的譬喻或轉化必須要巧妙，要適切，要有獨特的創意和靈性，不要陳腔濫調，要使讀者能從中體會不可言喻的感受。

例句：對學校生活並沒有全然適應，我像是隻小白兔被丟到沒有遮蔽的操場，不知道如何安心地跳躍。

例句：等於用言語當成一把梳子，在這個長官心頭上癢處一一梳去，使他無話可說。（〈長河〉／沈從文）

例句：如果把人生當成一場戰鬥，那未免太累人；而如果人生是一場遊戲，有時不必太認眞，但有時也需要認眞一些，不然遊戲就太無聊。

例句：一個湖，是風景中最美最有表情的景色，它是大地的眼睛，望著它的人可以測量出自己天性的深淺。（《湖濱散記》／梭羅）

例句：這兩隻貓齜牙咧嘴，低聲咒罵彼此，跟著撲向對方，黑暗中，兩個身軀彷彿鬼魅一般纏鬥。

例句：火鶺鴒鳥的衣裳是用春天黃昏的雲剪裁的，深深淺的紫紅色，帶著一層層的斑紋。（〈火鶺鴒鳥〉／吳延玫）

譬喻或轉化的開頭，只要運用得當，通常可以獲得青睞。平常要多練習想像力、聯想力，積極放入文章之中，並結合排比，形成有氣勢的句構，一開頭便攫取閱讀者的注意力。

四、文章的結尾

文章結尾要精彩有力，要有餘味！考試寫作結尾尤其重要，最好能餘味不絕，讓閱卷者不得不低迴品味。

在中學讀書的時候，先生向我們說：「作文章，開頭一定要好，起頭起得好，方才能夠抓住讀者的注意力。結尾也一定要好，收得好，方才有回味。」她繼續說道：「中間一定也要好——」還未說出所以然來，我們早已哄堂大笑。（〈張看〉／張愛玲）「終篇之際，當以魅語攝魂，使之執卷流連，若難遽別，此一法也。」（〈閒情偶寄〉／李漁）這兩段文字都是在告訴我們，文章要吸引人，當然每一個段落不論是開頭、中段與結尾都要有吸引人不斷讀下去的魔力。而我們考試寫文章，如果前面寫得很好，但是結尾無力、走題，甚至來不及下一個好的結論，那眞是功虧一簣了。所以末段必須要好好把握，如果能收一個畫龍點睛之效，使閱卷老師執卷流連的話，六級分絕對手到擒來。

以下舉三種常用的結尾法：

「統統回到這裡」法

也就是萬法歸宗、總結法，將前文所表達的各種看法歸納整理，總括作結的方法。

範例：

大家都玩得非常盡興，到了陽光、沙灘和海浪向我們告別的時刻，這眞是我有生以來最快樂的一次出遊了。

範例：

透過文章的挖掘探遊，可以看見的是活生生的人，而非死板板的字；是活脫脫的靈性，而非死沉沉的殘骸；是活潑潑的精神，而非死奄奄的知識。所以我願意深入去閱讀一篇又一篇的佳文、一本又一本的好書，讓作者帶領我遨翔文字栩栩如生的意趣。

範例：

了解自己，主動積極，尊重彼此，強化溝通，才能不給對方壓力，才能保有自我，才能建立起健康的人際關係。這樣不管我們在什麼環境，不論是讀書、工作、休閒都能活得自在有尊嚴，享受美妙的人際和諧。

範例：

我可以表達主張，但是我也會捍衛別人說話的自由；我可以揮灑才能，但我也是個稱職的欣賞者；我可以融入人群，但我也能夠吸吮一個人的孤單寂寞。我認為，這才是人格養成的最好標準。

總結的時候，最好也要「呼應」到首段，而如果首段使用設問、引用法，結尾時更不可忘記回頭去肯定，達到一貫的思路。例如：二〇〇六年上海高考滿分作文〈我想握住你的手〉開頭：眞情莫過共握手。結尾：我漸漸地睡了，迷迷糊糊有一雙手將我的手緊握，我沒有睜開眼，然而我的眼淚卻不爭氣地流了一臉。

「明天會更好」法

以勉勵、期待、呼告意味的語氣行文作爲結尾。

範例：

我想，老師們應該要理解，學生將來成爲什麼樣的人，比現在成績重要。所以多從「一個人」的角度去看學生，會發現很多可能。（〈人生荒原中的嚮導〉／王小棣）

範例：

如果人生走上了意外的旅程，逸出了世界的常軌，踏入了未開墾的荒地，那就好好欣賞沿途的風景吧！那就當作一場未經安排的盛宴吧！別浪費了這意外的邂逅。

範例：

但如今，我已後悔，六年的砥礪已使我學會原泉混混，盈科而後進的道理，也使我不再讓握在手裡的輕易溜走。並且，也希冀如有機會能再與小提琴相伴，緊緊抓住這珍貴時光，不輕言鬆手。畢竟，我曾那樣追尋……。（九八年基測／六級分樣卷）

對於考試，這是一個常用且好用的結尾法，應該多加練習，但要記住是對自己的期許，對自己的勉勵，最多擴散成對群體如社會國家、人類世界的展望，絕對不可自以爲是救世主。

「盡情轉貼」法

善用譬喻、引用，以抒發自己情感或想法爲主來作結。注意要力求巧妙，情意動人，獨特有味。

範例：

德蕾莎修女說：「我們都不是偉人，但可以用平凡的手做一些平凡的事。」沒錯，這也是一種偉大！

範例：

吉本芭娜娜寫道：「快樂和不悅就像潮水般來來去去。在家裡待久了，必然想要出門。重複如同海浪，一直觀看或在其中游泳，都不會膩。那是活著的唯一喜悅。」人有旦夕禍福，月有陰晴圓缺，平常心，不是平淡或冷漠，而是泰然處之去品嚐生命的滋味，從中飲取釀造過的蜜。

範例：

如果說生命像一首變奏連連的大樂章，馬蒂就是一個曲異和寡的樂器，太即興了，漫不經心就逸出了常軌，漸行漸遠，終至不曉得該怎麼收尾，收一個別人可以鼓掌的結尾。（《傷心咖啡店之歌》／朱少麟）

範例：

一個愛說話的女人是朵盛開的花，沒有什麼味道；一個不愛說話的女人，是朵半開的花，沒有人知道它藏著一個什麼樣的花心，最吸引人。（〈變〉／於梨華）

範例：

住處附近的街角常常是人們熟悉又忽略的風景，卻是我生活玩賞的小天地，像是一個小小的櫃子，每天打開關上，自在而有味道。

恰當的引用可以讓文章連結另一個心靈，取得一種跨越的認同，也能因為這種「共識」，使自己的觀點或者情感得到肯定。同樣地，美妙的譬喻在結尾會如同一個小魔術，使整篇文章迸發出獨特的光彩！

結尾最怕的是畫蛇添足和狗尾續貂，為了湊字數，硬是胡編瞎扯，寫一些與主題無關的話；或者亂喊口號，發表離題的議論，空洞而沒有感情；或者另出前文沒有出現過的講法。這些都只會適得其反，削弱整體文章力度，我們寫作時必須要特別留意。換言之，我們如果沒有奇句炫目，沒有魅語攝魂，只寫下能夠清楚表達自己的思想或感情的洗鍊文句，也比適得其反的矯情牽強好。

第3回

說故事的「記敘文」

從記敘文開始練習，可以幫助我們好好地學習如何使用文字表達，尤其考試最常出現「記敘抒情」的文體，我們必須要懂得如何描述一件事的始末與影響。在這之前，我們應該練習如何寫好關於一個人、一件物品、一場旅遊、一處景色，因為這些都是「一件事」的組成單位，先熟練寫景、說人、描物等技巧來充實文章的廣度與深度；這是寫作的基本功，練得好，我們寫任何文體都會精彩豐富而動人。

一、什麼是記敘文

記敘文就是「說故事」，以記人、敘事、描物、寫景、誌遊等為主要內容，透過描繪人、事、物、景來表達故事、觀察與想法。好的記敘文要讓讀者如見其人、似臨其境、感同身受，達到「故事再現」的效果，也就是想辦法把故事說得好聽、吸引人，像「真的」一樣。另外，行文時也記得要適度抒情或論理。

二、如何寫記敘文

1. 心中的鏡子，返照生活經驗

平時我們就要多觀察，處處留心，落花水面皆文章，一些互動的小事情、有意思的物品景色都可以成為題材。

2. 注意切入的角度

重點「不是想說什麼」，而是「題目要你寫什麼」。開頭最好快速帶入主題，簡潔直接，並伏下全篇的敘述色彩，使往後的描寫有一個主旨意識，如快樂、哀傷、懷念等等。若以回憶引出，可以使用一些小事物做媒介，如紀念品、一本書、一幀舊相片、一場比賽或一個約定等，引出所要記敘的內容。

3. 掌握主題意識，生動活潑

記敘文最忌「流水帳、平鋪直敘」。景物描寫方面，儘量突出獨特觀點的特色，採用不同的描寫手法，強調對比方式，如直接間接、遠近、高低、大小等。人物描寫則運用俐落生動的文字，對人物形貌、行為、語言、動作、心理活動與互動過程等進行具體而細微的刻畫。

4. 有條有理，不枝不蔓

要言之有序，可選擇順敘、倒敘、插敘等不同手法，如記的是遊歷、活動，則多以順敘手法；如是情感互動的事件，如誤會、喜怒哀樂的事情，則可採用倒敘。描述要在限定範圍內，例如題目是一張照片，便只能描述「這一張」照片。

5. 突顯內涵意義

好的記敘文不只是描寫與記錄，而是要刻畫意境，不論是寫景寫物、懷人敘事都要有情感的表達，但是要出於自然，不能矯揉做作，適當體現自己的看法，如喜惡愛憎、懷念、感謝等，記得仍要導入「陽光正面」的總體形象。

齊格飛教你一招

「話中有畫，畫中有話」

話指的是：文字、描述、說的故事；畫指的是：畫面、場景、情境。也就是你經營的文字、說的故事，必須讓畫面「跳出來」，讓讀者能夠感受到「那個」場景、「那個」情境，所謂的場景與情境除了畫面還包括了氣候溫度、聲音、光線、氣氛等等客觀條件，還有在場所有人的情緒、感情與反應等。

三、基本結構

1. 緒論

以一段簡短而吸引人的文字帶出描寫主題。

2. 正文描述

(1)說明起始、原委，對主題進行深入描寫。

(2)以不同的手法及觀點，刻畫不同面貌，顯現「轉折」與變化。

3. 結論

最終影像、感受、期望或從中所明瞭的道理。

四、分類與寫作方向

㈠熟練寫「景」、記「人」（包括寵物）與描「物」

寫景

1.寫景物要能增加文章的空間感，刺激環境心理。
2.著力於將特定的「時空」經營成「畫面」，如秋風蕭瑟的梧桐樹下……。
3.描寫突出、觸動心靈的景物，強調對比、情景交融。
4.善用聲光色彩與動靜交錯的摹寫技巧。
5.善用電影「分鏡、鎖定、淡出、剪接」等敘述技巧。
6.穿插心靈感悟及人物神態，讓景物更有生命力。
7.按順序進行，有層次感，避免雜亂無章。

【範例】

考試曾出現過以下的文章要我們仿寫，亦即要我們學習模仿這篇名家描景文章的寫作方向與技巧，題目訂爲〈窗外〉：

所謂精彩的文字，除了語言須錘鍊、技巧須講究外，其描繪具體事、物，則鮮明而生動；描寫抽象情、思則要細膩而雋永；並且往往情景交融、相互烘托。下文選自楊牧〈亭午之鷹〉，雖短短五百字，卻頗能符合這樣的標準，堪稱精緻動人。（大考中心八九年語文表達能力測驗題目）

我把窗簾拉開，簾後還有一層帆布帘子。我隨手抽那繩索，布帘一抖上衝去，眼前亮了，天光照了進來。

窗外正是中央公園。隆冬落盡葉子的樹林從腳下向遠處伸展，呈現一種介乎枯槁和金黃的光彩，在寂寂停頓中透露無窮生機。公園西東兩條大道上的巨廈連綿起伏而去，俯視那片樹林。天空是灰中帶著微藍的顏色。早晨八點鐘，也許正逢上星期天，你會覺得紐約是死靜的，好像剛經過一場政變，悄悄然甚至還有點不安或恐怖，人們在屋裡等待觀望，不知應該做什麼，不知道如何處理這整整一天的時間。

從十六樓向下望，路上幾乎就是空曠的，紅綠燈還照常閃動。對街有兩座銅像，都是騎者之姿，耀武揚威的樣子，散發著古舊的綠鬱，軍帽和馬蹄構成一種可笑的角度，頡頏均衡。那騎者的長刀下指，我集中精神朝那方向去看，刀尖下兩個男子圍著一個大鐵桶在跳動，桶裡生了盆多煙的火，大概是昨天的晚報或早報，從垃圾箱裡撿來的。他們將報紙點上火，就站在鐵桶邊取暖，縮著脖子搓手，不時還跳著，並且說話，但我聽不見他們在說什麼。那火旺燒片刻就弱了下來，他們輪流到街邊的垃圾箱裡去掏拿，一疊一疊報紙扔進桶裡，白煙突突冒升，在早晨冰寒的公園一角，銅像騎者的刀尖之下。

早起的鴿子零落地飛來。

鴿子又停在廣場上，無聲無息。

靜
遠
動
近

【綜合解析】

1. 首先要有一扇窗，沒有窗子不能寫窗外，不先描述這扇窗，讀者無法知道你所寫的是「窗外」。然後才是「我」在看著窗外，描述如何去看。

2. 此篇文章的「看法」是「由遠而近」，也就是先描寫遠景再拉回鏡頭寫近景。

3. 由上而下，先看平視的景物，再把眼光下調，敘述下方較近的人、事、物。

4. 由靜而動，先寫靜物如景色，再寫人物、動物的動作。

5. 整體而言，描述井然有序又合情合理，文字簡潔高雅，使用相當出色的修辭，如將死靜的氣氛譬喻為剛經歷一場政變，因為這是世界金融中心的紐約市，她的安靜是不尋常的，不同於「萬徑人蹤滅」的山寂，也不同於「無風日未低」的湖靜，而彷彿有著不安和恐怖。這樣的譬喻非常精準，我們在使用譬喻時要多多磨練，使喻依精準而合理。

練習：窗外

審題

1. 選擇一扇窗，必須標明何時何處：

(1)身旁的窗：如客廳、房間、學校教室的窗……。

(2)旅途中的窗：如鄉下祖父母家、民宿、休息站的窗……。

(3)動態的窗：如火車、公車、貓空纜車上的窗……。

2. 景物的順序：

(1)遠近：通常以平視角度開始

(2)高低：如果在高樓層

(3)動靜：景物如何吸引目光

3. 摹寫與其他修辭如譬喻、排比、映襯……等的運用

4. 想要傳達的感受，是平靜？閒適？新奇？偶得？

鳥、野獸與親戚

（節錄）／傑洛德・杜瑞爾（Gerald Durrell）／改寫自唐嘉慧　翻譯

夏天，像一個大火爐，張開巨口對準小島。即使在橄欖樹蔭下也毫不涼快。無休無止、刺穿耳膜的蟬鳴，似乎隨著每一個藍熱的午後，愈形膨脹囂張。池塘、水溝裡的水面縮小，岸邊的泥土龜裂成鋸齒狀，邊緣在陽光下捲起。大海不聲不響、文風不動地躺在那裡，像是一綑絲綢。淺水灣裡的水溫太高，不能再解暑。我必須把小船划到水深處，水面上，只有我和倒影在移動，這時往船側縱下，彷彿縱入沁涼的天空。

這是蝴蝶和飛蛾的季節。白天的山坡，好似已被答人的驕陽吸乾了最後一滴汁液，鳳尾蝶優雅地振著翅膀，飄忽地從這個矮叢飛到那個矮叢。

【綜合解析】

1. 在這篇短文中，「變形金剛」法開頭：夏天被擬人化了（張開大口），大海被擬人化了（不聲不響地躺著），太陽也被擬人化了（吸乾汁液），讓整個環境和熱度都「活」起來了！
2. 人在這樣的夏天又做了什麼樣的活動？縱入如一捆絲綢的海中！

※**練習**：你呢？你的夏天做什麼？如何描寫這個環境和感受？

1. Where？你曾經去過哪個印象深刻的地點、場所或名勝？
2. Why？為什麼去這個地方？家族旅遊？畢業旅行？一場探險？受邀？
3. When？什麼時候去的？季節？晴雨？
4. Who？和誰一起去？遇到什麼人？
5. What？去做什麼？
   (1)見到什麼？有什麼特徵或特色？
   (2)吸引你的景物是什麼？
   (3)發生什麼事？如爬樹、烤地瓜、抓昆蟲……。

(4)買什麼？紀念品、食物……。

(5)下雨、發生受傷意外……。

6. How？如何進行活動？感想如何？

【關於景的參考語詞】

蔚然深秀、攬勝、山色新妍、夕嵐、層巒疊翠、尋幽訪勝、旖旎風光、蒼穹、連天漫地、滃然流出、水波潺湲、淼淼、縈迴、波光瀲灩、奇岩嶙峋、行盡深山又是山（許渾）、我見青山多嫵媚（辛棄疾）、窈然、晨光熹微、絢麗、萬籟俱寂、靜謐、寒風慄冽、氤氳、煙靄紛紛、黛雲、山谷岫雲、春寒料峭、溽暑、火傘高張、秋色慘澹、荷花嫣然、青蓋亭亭、清馨可挹、綠茵清香、啁啾鳥囀、聽鳥語弄笙簧（沈復）、乍暖還寒、虛無縹緲、一衣帶水、草花離離、葳蕤、碧氈綠毯、蓊鬱、熠熠星光、海天一色、車水馬龍、喧囂、冷冷清清、寒蟬淒切、鵲鳥啞啞、犬吠隱隱

寫人

1. 練習記人，增加文章體溫，使讀者可以代入、同位。
2. 重點描述對象的外在相貌與內在人格特質。
3. 藉著事件突顯人物的精神。

4. 體現人物的觀點與情感，使人產生同理。
5. 從動作、言談及心理變化中，使人物個性躍然紙上。
6. 由互動、情境與氣氛營造深刻的印象，多使用對話、動作。
7. 深刻吐露對此人（或動物）的感情、想法。

寫人可以從這人的外貌開始，然後是行爲說話，再加上這人給人的觀感爲何。例如：侯營長有個橘皮大鼻子，鼻子上附帶一張臉，臉上應有盡有，並未給鼻子擠去眉眼，鼻尖生幾個酒刺，像未熟的草莓，高聲說笑，一望而知是位豪傑。（《圍城》／錢鍾書）用誇張的筆法，讓臉成爲橘皮大鼻子的附屬品，突出那鼻子的特徵，再描述他談笑起來給人的觀感：是位豪傑。

另外也可以從旁人的反應來反射出所描寫的對象，例如：大概只有春風，才能讓滿室花朵一般的女客們這樣隨之盪漾。……他的左耳載著一只刺眼的銅耳環，梳在腦後的小馬尾，也箍著一個黃澄澄的銅環。……只有讓人感嘆，感嘆自己的運氣得以觀賞。（《傷心咖啡店之歌》／朱少麟）藉由旁人見到主角的反應來突顯吸引力，強調一種公認的、有公信力的風采，同時也加上外在的打扮增加眞實感。另外，也可以藉由這個人的「綽號」來由，告訴大家他的特色與記憶方向，例如：「他從小愛抖腳，人稱『阿斗』，所幸的是他也駑鈍得厲害，絲毫不愧對這個外號。」

或者，把重點放在描述對象的內在特質，例如：他朝著你一笑，表示彼此會意——不，更勝於會意。他那種笑容是你一輩子也難得遇見四、五次的，笑得使你心裡非常舒服，好像他本來是以這副笑臉去應付宇宙萬物的，可是最後不由自主只能爲你，專門爲你而笑。他這一笑向你表示他瞭解你，相信你，並且告訴你，他對你的印象正是你最得意時希望給予別人的印象。（《大亨小傳》／史考特．費茲傑羅（F.Scott Fitzgerald）喬志高譯）從一枚笑容蕩漾開來，描繪出對象所散發的特別人格魅力，我們從人物的特別表現或活動來投射他的內在特質，比直接寫出他是一個怎麼樣人的如慷慨、熱心、吝嗇、積極、有愛心……等等來得好。

※練習：描寫一段你的親人或朋友，針對其容貌、身材、衣著、風度、氣質、言行、相處模式……等。

1. 你與這個人的關係，他/她是誰？
2. 這個人的外表為何？長相特徵、穿著打扮，言談舉止的習慣如：口吃、抽煙……。
3. 描寫順序：由外而內/由內而外
   (1)外貌、特徵
   (2)人格特質：如溫暖、慈善、小氣、善妒、易怒……
   (3)心理活動：如行善、原諒、救助、報復、捉弄……
4. 曾經發生與這個人相關的事件，在什麼樣的環境下。
5. 你對這個人的觀感。

齊格飛教你一招

「重要的在裡面！」

對人的描寫重點在於內在的個性、特質與心理狀態，不論是說話、動作、反應與給人的觀感，都是為了讓讀者瞭解這是一個什麼樣的人，所以我們必須擅於藉由自我觀察或他人回應，善用「映襯、烘托」，使這些「內容物」反射、投射或折射出來。簡單地說，讓讀者可以發現：一般人或者一般狀況都是如何，而我所描寫的這個人和一般人不一樣的是……。

練習：我的寵物

審題

1. 如何得來的寵物？野生動物？自己買的？家人送的？自己跑來的？或是如何遇見？流浪動物？鳥、烏龜、貓、狗、蜥蜴、青蛙、飛鼠、金魚、甲蟲……。
2. 動物的外型、習性、脾氣、作息……。著重於特殊之處。
3. 如何與牠互動？像是家人？朋友？小孩？
4. 發生什麼印象深刻的事件？
5. 你對牠的情感或是看法。

狼圖騰之小狼小狼

（節錄改寫）／姜戎

小狼又在洞裡刨鬆了許多沙土，牠半張著嘴哈哈地忙裡忙外，一會兒鑽進洞刨土，一會兒又往外倒騰土。小狼兩眼放光，賊亮賊亮，根本沒功夫搭理我。我看得終於忍不住，小聲叫牠：小狼小狼，慢點刨，小心把爪子刨斷。小狼瞟了我一眼，眯著眼睛笑了笑，牠好像對自己行爲很是得意。

洞裡刨出的沙土有些潮氣，遠比洞外的黃沙涼得多。我抓了一把沙土，握了握，確實又潮又涼。我想，小狼眞是太聰明了，牠這是在爲自己刨一個避光避曬避人避危險的涼洞和防身洞。一點沒錯，小狼準是這樣想的，洞裡有涼氣有黑暗，洞的朝向也對，洞口朝北，洞道朝南，陽光曬不進洞，小狼鑽進去刨土的時候，牠的大半個身子已經曬不到毒辣的陽光了。

小狼越往裡挖，裡面的光線就越弱。牠顯然嘗到了黑暗的快樂，也開始接近牠預期的目標。黑暗黑暗，黑暗是狼的至愛，黑暗意味著涼快、安全和幸福。牠以後再也不會受那些可惡的大牛大馬大人的威脅和攻擊了。小狼越挖越瘋狂，牠簡直樂得快合不上嘴了。又過了二十多分鐘，洞外只剩下一條快樂抖動的毛茸茸的狼尾巴，而小狼的整個身體，全都鑽進了陰涼的土洞裡。

齊格飛教你一招

「把所有的動物都當人來寫」

以轉化的擬人法用在我們提到的動物身上，如同上文中的小狼像人一樣會瞇著眼睛笑，會得意，會思考，會樂得合不上嘴。如此人們才容易同理，才會真正出現「活生生」的動物，而我們的表達才容易達到目的。所以，不管遇到什麼動物，都把「牠」當作「他/她」來寫。

【關於人的參考語詞】

慘綠少年、命運多舛、正人君子、恂恂長者、諍友、文質彬彬、鄉愿、矜持、軒昂磊落、奇裝異服、珠光寶氣、溫文儒雅、怯懦、恬淡自適、虎背熊腰、風流倜儻、眉清目秀、明眸皓齒、娉婷、娉娉嫋嫋、冰肌玉膚、嫣然一笑、樸素、我行我素、我心泊然、莞爾一笑、得意忘形、鏗鏘笑聲、忻然而笑、笑靨、慍色、情愫、啜泣、矯情、怔忡不安、忐忑不安、如坐針氈、謾罵、雙瞳翦水、冰雪聰明、推心置腹、一面之雅、相濡以沫、朝三暮四、身材頎長、目光如炬、鼓舌如簧、睥睨一切、惺惺相惜、咄咄逼人、期期艾艾、眷眷不忘、惻隱、訕訕然、踽踽獨行、迂腐、呱呱叫、吱吱喳喳、蠢蠢欲動、毛茸茸

寫物

(1)對物品細膩地觀察，突出主要特徵。
(2)形構完整鮮明的情境和狀態。
(3)強調「物我之間」、「物人之間」的關係，藉物抒感，或依物論理，通常這才是眞正的目的。
(4)限定寫作範圍，單一物品，圍繞物品的事件。

一張舊照片

（6級分樣卷／心測中心）

人爲什麼要拍照？這個問題，你有沒有好好思考過？這個問題在我的心中縈繞良久，直到最近，我才想出了答案；因爲，要回味。時光的流逝總是在指縫間悄悄離去，沒有一點聲響，所以，照片最大的意義，是在於幫你留住那生命裡的點點滴滴。

從小到大，我拍過無數張充滿回憶的照片，其中，最令我不能忘記的，莫過於那張科學展覽品完成的紀念照。

上個週末，我趁著太陽露臉的當兒，準備好好地清洗我的錢包。在拿去清洗之際，我下意識地拉起錢包上的拉鏈，從夾袋中抽出一張照片，那張照片已不新，又是在錢包開闔之處，已顯得殘破不堪，但，我卻被這張照片拉回了腦海中當時的情境……。

拍照的那一天，是個炎熱的晴天，照片中的人物有四個；我們科展的指導老師、我，還有另外二個同學，我不禁回想起製作科展的點點滴滴。那時，我們幾個人每天總是往實驗室跑，待在那兒思考的時間，比上課還多，但我們仍樂此不疲，每天中午、放學總是和我的同伴與老師們用著自己的雙手，演出一幕幕的人生戲碼，創造出我們的夢想；這張相片，則是在我們的作品即將完成時所拍攝的。照片中的我們，雖然蓬頭垢面、邊幅不修，但是，看得出來，每個人的臉上，沒有任何無精打采的神情，反而帶著有自信的笑容面對鏡頭……。

雖然，到了最後，我們並沒有如期進入縣賽，過去的一切只能放進心中，不過，每當我看著這張照片時，心中不是難過，而是感動；我想起拍完這張照片時，老師曾對我們說過的話：「人的價值，不在於他是否成功，而是努力的過程，有用心、努力的過程，就好。」這張照片，不只是讓我緬懷過去，而是讓我面對未知的未來時能勇於前進！

【綜合解析】

1. 「敲敲門」（設問）法開頭，再描述物品是什麼和來源。
2. 藉這張照片回憶一件重要的往事和往事中的人，接著描述事件的來龍去脈。
3. 末段引用（「是他說的」法）老師的話，自我期勉，正面而陽光的結尾。

※**練習**：一張照片

1. 以「人」為主比以「風景」為主的的照片更易發揮，多人也比一人為佳：

(1)與家人聚餐、出遊……。

(2)與同學、朋友在一起慶生、玩樂、探險……。

(3)參加某次比賽、展覽、運動會、表演……。

(4)長輩、朋友……的最後合照。

2. 必須要說明照片的內容、配置與背景，善用各種摹寫。

3. 由照片中的人與場景帶出事件；簡述事件的起承轉合。

4. 回憶、懷念、感傷、興奮……的感情。

5. 結尾宜情致綿長，引起共鳴。

物品也可以是一部電影、一本書。

偷書賊

「偷書賊」終於變成電影，比原著更有吸引力，難得！二戰的電影，控訴的還是希特勒，卻不是發自猶太人的血淚，而是以德國小女孩爲主角，旁白卻是個文藝腔的死神。

小女孩第一本「入手」的書是《掘墓人操作手冊》，當時我很擔心故事的走勢……她長大會不會成爲傑出的挖墓女工……。故事展開在慈愛的養父爲不識字的她誦讀，此後，文字的想望從小女孩空洞的寂寞中汩汩而出，所以她留在焚書現場偷一本悶燒著的書藏進懷裡，所以她從雇主的書房中偷出一本本書讀給窩藏的猶太病人聽。文字流進她的眼，灌溉了心田，又從她的嘴流出，注射精神葡萄糖進入病人以及避難室中人們驚惑乾枯的細胞，循環如同雨水。

文字同時也豐富了她的語言剪輯，她可以爲地下室的窩藏犯描述天氣：「厚厚的雲朵遮蔽了天空，太陽宛如一銀牡蠣（silver oyster）。」

死神說得好：「沒人比我更忠誠爲希特勒服務。」記得書中的死神很煩，話多得像一個意識流的作家，電影砍掉了百分之九十，結構於是更凝固，情緒更串流。

本片原著我在速食店中讀畢，一邊咬著大漢堡一邊掉了一堆眼淚，最後在末頁畫下滴淚的眼睛傳給下一位讀者。看了電影我才又想起，那小女孩嗜讀的核質有《過於喧囂的孤獨》中主角的骸髓，當然文字癖沒那麼瘋狂，那廢紙堆中的老人也沒有小女孩可愛。

電影選角除了小女孩太美太健康、爲了討喜不夠陰鬱之外，其他都好，而且運鏡構圖獨特有味：俯角代表死神的眼，貧困蒼白的街巷卻潔淨如女孩的心，雪景厚重如戰爭。而戰爭、書與閱讀不過是一張桌布，鋪墊在沒有血緣的親情、風雨中的友情、悄然萌芽的小小愛情下的桌布罷了。

【綜合解析】

不論是評論電影還是介紹一本書，其實還是在講「人」，電影、書中的人，甚至作者，這才是真正有意思的地方。

※**練習**：最喜愛的一本書

作者：

內容：

你的感觸：

佳句或深刻的語句：

【關於物的參考語詞】

金碧輝煌、窗明几淨、古色古香、斗室、多如牛毛、尺幅千里、參差不齊、蹲踞、遨翔自若、啣泥、五花八門、精美實用、琳瑯滿目、小巧玲瓏、美觀大方、粗製濫造、俯拾皆是、花白相間、白瑩瑩、晶晶亮亮、形形色色、沉甸甸、意猶未盡、回味無窮、百年難得一見、闃然無聲、夜闌人靜、古色古香、黑黝黝、引人入勝、扉頁、遙想、維妙維肖、樸拙、此物只應天上有、齒頰留香、一隅、極簡主義、模擬、興味盎然、油然而生、肌理、皴法、跌宕、野色、象牙白、斑斕、一泓、薔薇色、門庭若市、奇花異草、春花秋菊、異香、如絲綢般

(二)敘「事」類記敘文

1. 注重事件的因果發展，「以果敘因」或是「由因造果」。
2. 以「事」爲主，以「人」爲輔，相輔相成。
3. 要有主題意識，剪輯出「精彩片段」，「提煉」戲劇張力。
4. 鋪排事件中「情感」的流蕩。
5. 抒發自己的感想、體悟、認識與成長。

題目：那一刻，真美

說明：生活中有許多動人而美好的時刻：也許是走出戶外，發現山的壯麗與海的遼闊；或者是閱讀的時候，某段文字觸動了內心；也可能是在大雨中，看見父母爲子女遞送雨傘的身影……那些動人的時刻，總是給我們美好的感覺。請寫下你生活中美的那一刻，說明它的特別之處。

審題

1. 本題其實就是「真美的那一刻」，要我們舉出生命中發現的美麗的那一刻。
2. 針對這美的一刻，我們要點出並形容美麗之處。注意，只能描寫「一個」片刻，單一事件，這是本題的範圍限制，只能是「那一個瞬間」，這一瞬間稍縱即逝，不是預謀，不能重複。
3. 從題目的說明中，提供了三個參考方向：大自然的山水之美、閱讀的心靈感動之美、身影的親情之美，提示我們可以從生活中的不同面向去發掘美好的經驗與感覺。而這只是一點點提示，我們不必囿限在這些範圍。放大來看，我們可以從幾個地方尋出美的印象：

(1)與人有關：如嬰兒與母親、佈施乞丐的手、扶助老人過馬路的小朋友、推著父母輪椅的子女、認真工作的小販、牽著孫兒的阿嬤、晚歸時燈下守候的身影（或是沙發上鐵青著的臉）……。

(2)與事有關：如信仰、一碗麵的溫暖、街頭抗議的勇氣、偶然的邂逅（遇見百分之一百的女孩）、盡情投入而忘我、街頭陌生人的同情心……。

(3)與時有關：如夕陽西下、重逢的剎那、獲勝的瞬間、節慶的瘋狂（如放天燈）……。

(4)與地有關：如餐桌上的家人歡笑、每天上下學在校門口和爺爺（奶奶）揮手招呼、旅途上特定的景點……。

(5)與物有關：如大自然的神奇、動物的母性、雕刻品、閃電、浪濤、遺物……。

4. 美的領悟：事件的鋪陳是為了讓「那一刻」美麗登場，而最重要的是，這美麗的一刻究竟是如何感動自己，面對那一刻時，心中的體悟不論是喜、是驚、是愛、是憐，甚至是愁、是悲、是嘆，都可以，重點要描寫出自己對美麗的那一刻當下的心中震撼或體悟，進而觸動閱卷人心弦，引起認同。

那一刻，眞美

（6級分樣卷／心測中心）

不知道從什麼時候起，我家屋簷下多了一個燕子的家，大約比一顆壘球大了一些，不怎麼美觀，卻很堅實，我每次進家門時總會看它個一兩眼，心想，有了巢，不久就會有燕子來落戶吧！可是過了幾個禮拜還是沒有音訊，我也只得做（應爲「作」）罷。

那一天，我還是踏著快速的步子回家，心裡想著的是等會兒晚餐吃些什麼，一路在我身後苦苦追趕的妹妹突然停下腳步，我也不多做理會，只當是她踩到了「黃金」，就逕自進屋去了。過了五分鐘妹妹還是沒進來，我心中嘀咕著：「她到哪兒摸魚去了？」走出屋外，陣陣鳥囀自頭上傳來，像在昭告天下似的，我和兀自正發呆的妹說：「咱吃了飯再來看。」也就回家去了。

> 一起始便入題「燕子的家」，先引起興趣，然後流暢地敘述與妹妹的互動。保持著一點懸疑的效果以及敘述的張力。此外，作者一開頭便將燕子轉化作人，說是燕子的家來落戶，增加親切感。

吃了晚飯，在好奇心驅使下拉了把梯子，趁著主人外出，闖了個空門，發現裡邊躺著三粒鳥蛋，便跑進屋去宣告這個消息：有「人」在我們家落戶了，還生了三個！心思敏捷的媽媽一聽就聽出弦外之音，拉了正在看報紙的老爸就往外走，正巧遇著親鳥回來孵蛋，我笑道：「我們可是住在同一個屋簷下，以後要互相照顧啊！」那鳥似也有靈性，「啾！」的一聲，好像在說：

「是啊！」

從此，看著那窩鳥就成了我們吃飽撐著沒事幹的休閒，爸爸看久了脖子酸，索性在巢旁裝了台攝影機連接電視，坐在沙發上看，大家都在猜，小鳥什麼時候會出來呢？因爲有攝影機的關係，我們不必擔心看不到，只是全家都有一股「非要看到第一時間不可」的牛脾氣，全家（我除外）每天排班熬夜，一有動靜馬上叫人，但是不叫我，他們說：「天下沒有白吃的午餐。」可他們不知道我有王牌。

出現轉折，發現鳥蛋，並且由爸爸裝置攝影鏡頭，「期待鳥蛋孵出」成爲全家共同的劇情。

我上網查了資料，算算差不多是在今天孵化，就只敖（應爲「熬」）那天的夜，我十分重視睡眠，晚上不睡是要了我的命，當我累得眼皮直打戰（應爲「顫」）時，鏡頭裡有了動靜，一張嘴破蛋而出，我興奮極了，忙叫醒大家，看小鳥破蛋的辛苦，再看我平日的惰性，羞恥之心油然而生，當我思潮起伏之時，看見第一隻鳥已破蛋而生，生命誕生的瞬間，眞美。不是鳥美，而是破蛋之時的努力，在懶人面前，眞美。

綜合解析

1. 作者不是取材自多麼偉大、了不起的體認或經驗，只是一次小小的「驚豔」，正是這個小小的驚豔，與其他作品有所區隔，部分原因是對於小動物出生的觀察，一般較為少見，而且全家總動員，洋溢著一股生機與歡樂氣氛。

2. 通篇幾乎都是輕鬆的敘述，藉著家人的互動、對話經營一場小型「家庭盛事」，也沒有太多的修辭運用，只是以流暢的文字、自然的情感流露推動情節鋪陳。但是其中的對話表現自然不做作，活化並豐富了整篇文章。

3. 主題「那一刻，真美」收結在最後一段，並且反觀自己的惰性，讓美麗的感動呈現對比，而這個美完全是自己獨有的感動！這樣的結論使得「之前的所有鋪排」得到最好的收尾，畫龍點睛！

4. 由此篇佳作我們可以學習到，即使沒有華麗的辭藻，沒有過人的修辭功力，即使有幾個錯別字、不當的標點，只要文字流暢、佈局得宜、清新自然、合情合理、陽光正面，一樣可以獲得閱卷老師青睞。

※練習：那一次……

尋找出符合題旨的「那」一次經驗，以真實經驗為宜。

齊格飛教你一招

考前先準備幾個重要經驗：

1. 快樂的
2. 悲傷的
3. 難以忘懷的

4.與誰的共同回憶……

然後寫作時：

1.限定範圍，鎖定三至五個「畫面」深入描述。

2.使用對話、引用、狀聲詞等來活化文章。

3.從這一事件中學習到什麼？並且有什麼改變和期許？

題目：來不及

審題

1.取材宜避免太容易與其他人相似的內容，選用特別少見卻是平易近人的材料。

2.對於來不及的「一件事」的具體描述，處於何種情境下，多運用摹寫、譬喻、誇飾的修辭技巧。

3.此情境給你的主要感覺：

(1)悔恨、遺憾

(2)不捨、不忍

(3)懷念，但回不去了

(4)新的體悟、打開一扇窗、因禍得福，轉折的關鍵是什麼？

4.要有前後對比，例如原本……（出雙入對），可是如今……（形單影隻）。

5.除了相對應的心情描述，還有沒有不同的啓發，例如「還將舊時意，憐取眼前人」的情感轉換。

來不及

（6級分樣卷／心測中心）

光陰總像那輕掠過天際的流星般稍縱即逝，不曾為世人稍作停留，因此人們常無法在有限的時間內完成事情，只能留下聲聲嘆息。

「來不及」在人們的生活中天天上演，因此也就產生了許多應對方式，有人認為就算了吧！有人則認為要更加妥善地運用時間，哪種方式好？實是見仁見智。

猶憶那個陰雨的日子，我正趕著從學校回家，收看我最喜愛的電視節目，孰料我才踏出校門，雨突然如爆發的山洪從天上傾洩下來，伴隨著狂風的怒號，將我可憐的傘硬生生折成兩截，也逼著我狼狽地躲入騎樓，更令我暫時回不了家；起先我並不著急，心想，離節目開播還有半個小時，怎麼可能來不及？但隨著十五、二十分鐘過去，雨卻仍猖狂地唱著、吼著，絲毫沒有歇息的意思，我開始緊張了：會不會來不及啊？我開始不安地來回走動，心裡默默祈禱著，祈求雨趕快變小，我才能衝回家。然而，一刻鐘又過，我仍被困在這小小的騎樓中，看來今天是來不及了；百無聊賴的我，開始注視著這水溶溶的街道，意外地發現行道樹正在這雨中跳舞！看他那每一個動作是多麼的有力，活脫是個野地戰士！再望向地面上一個個的小湖，映照出逐漸碧藍的天際，似乎也敲響了和平的鐘聲，宣告這場侵略已告一段落，於是我便在小雨的陪伴下漫步回家。

出現重要的轉折，因爲遭困超過預期的時間，心情開始改變，心念轉了一個彎，於是眼前的場景轉而成爲新的情境，可以好好欣賞的美景，心中的焦急也消散無痕跡了。這完全是自己心境轉變的效果，才能嚐出不同的滋味，這樣的轉折效果非常值得我們學習。

回到家後，電視節目早已離我而去，身體也濕了；但我心中卻充滿了喜悅，我心想，或許來不及是上蒼賜予我的一個契機，讓我慢下新的腳步，去玩賞這美麗的世界，並從中獲得體悟——我們不能慢下時間的輕踏，但可以慢下自己的腳步，讓來不及變成不急來。

【綜合解析】

1. 作者選用了一個十分簡單卻別緻的題材，有別於當年許多考生寫親人過世的內容（……，儘量別再把長輩寫死了）。
2. 中段描述躲雨的情境相當成功，尤其配合心境的轉變，心變，境也變了，引人入勝。
3. 文字洗鍊有趣，各種譬喻、轉化法運用十分熟練。引言略嫌過長，能夠精鍊一些會更好。
4. 末尾玩了一個文字遊戲，耍了一個小幽默，剛好作為心情感悟的註腳。

題目：可貴的合作經驗

審題

1. 什麼樣的合作經驗令你感到可貴，永難忘懷，一定要選出特別的事件。
2. 與誰的合作？團體或只是兩個人，是家人還是同儕？有無比較特別的對象。
3. 突顯可貴之處：
(1)因為難得的結合
(2)因為中間有挫折
(3)因為很有收穫……等等
4. 生動描繪合作的過程、互動與肢體動作，善用「對話」。
5. 要寫出成長或領悟。

可貴的合作經驗

（6級分樣卷／心測中心）

台西鄉的風，像那兒的海浪一樣波濤洶湧地掃過大地！外頭不知死活的盆栽，挺直著背的招牌，不消幾分鐘，便聽見他們紛紛戰敗的消息。朔月的街道，你看不見鮮豔的亮麗光澤，聽不見滿嘴海口音的漁夫吆喝，卻可在五條港大廟附近的風螺找到正「陶鑄」釣竿的一群紅嘴男人。

我和外公開著發財車駛過一處一處的漁塭，波光瀲灩但寒風凜冽，這是鬼頭刀和黑毛掌控的季節！「啊！來啊！添丁尬孫來啊！」外公是頂山寮著名的釣客，他的光頭和大嗓門快成爲這兒的「地標」了。接著，一群人提著寶劍，似乎是要在龍王的血盆大口中，斬斷一顆龍牙！

厚雲像柔墨染著蒼穹這張宣紙，魚群如朝聖般游了過來，大夥兒拋出釣竿，勾引魚群的鐮刀衝進冰冷的海水！外公退了十公尺，奮力一擲，就在礁石旁，把釣竿交給我，走到一旁吸他的長壽！浪像蝦兵大將衝了過來！凡人焉可抵擋？一隻未獲的情況下，垂頭喪氣地回家了。忽然，我的釣竿被龍王盯上，巨大的力量撐得我青筋浮現，外公衝過來拉緊我的手，一場「驚愕」正式響起。

出現了！若隱若現的黃綠斑紋，正宣誓著領海的主權！透徹的眼睛怒視岸上的兩人！我的手被牽著走，快要斷成兩截！眼淚幾乎要潰堤了，外公直說：「嘜緊張，有阿公在！」看著那滿嘴雲霧卻無法掩飾的堅定眼神，莫名的力量湧進全身，怒吼勝過瘋狗浪，再費了九牛二虎之力後，活跳跳的鬼頭飛躍起來，我已不確定嘴旁是汗鹹還是淚鹹，看看外公氣喘噓噓（吁吁），卻發出那爽朗的笑聲！

這段搏海的回憶，至今在腦海中不斷翻騰，和外公合作打拚出的鮮美，每每想到還是會垂涎三尺，合作的經驗讓我看到了面對大風大浪的無畏精神，我想人生中沒有挫折，就無法找到同甘苦、共患難的合作夥伴！外公，謝謝你！希望你在天國時能放一釣竿下來，看看我們這群小魚在互助與關愛中成長的模樣！

【綜合解析】

1. 別出心裁的取材對象，合作的人是外公，合作的事是釣魚，外公雖是長輩卻成為夥伴，釣魚雖是休閒卻變成與海搏鬥，與眾不同，選材與立意都非常成功。

2. 非常擅於渲染，轉化與譬喻也用得很好，特別是利用幾個專用語、方言將重要的對話「傳神」地寫出來，外公的神態躍然紙上；經營的幾個畫面、情境也非常有真實感，十分值得效法。偶有渲染太過、語意不順，但不影響獲取六級分的條件。

3. 末段放大合作的價值，並且和天上的外公「說話」，有趣！

植物園的邂逅

躡步在植物園的小水池旁時，有一個小男孩突然過來問我在水池邊做什麼？我也奇怪，他不在學校在這裡混什麼？不過相較之下，植物園裡有個拿著小魚網與採集箱的大哥哥奇怪得多，是吧？我原本想來偷一隻「金線蛙」回家養。

小男孩長得憨憨壯壯，老實樣的聰明。有一搭沒一搭地聊天，走著走著，我們似乎都滿意起彼此的陪伴，在一個雨濕的仲夏午後，空氣中遊蕩著草木沖涼後舒放的嘆息。

搜尋不久後，發現一隻超大的牛蛙在水池裡瞪著我們，像是在盯著獵物（不會吧），嘴角還噙著詭異的笑，不知在得意什麼。我說，牛蛙是外來種有害，會嗑掉本土小蛙；小男孩說牛蛙可以煮來吃，於是我們決定聯袂替天行道。

兩人興沖沖地合力圍捕之下，奮力一撈，超大牛蛙終於落入我的小魚網，可是魚網太小，牠機警地一蹬又飛向自由，像一坨彈道歪斜的牛糞，悶聲土豪一般地「落草」而去。我們被牠的氣勢和身形震懾，不敢追進，互望一眼，嘴唇在我們臉上抖著。

眼睜睜看著牠留下一撇輕蔑的訕笑後隱沒。

離開前，「下次我們再一起抓青蛙吧！」我說。

小男孩揮揮手。

【綜合解析】

1. 用5W+1H將人、事、時、地、物分敘清楚。
2. 強調偶遇的欣喜、合作的驚險過程，加強趣味性。
3. 留下「餘韻」，令人回味。

【關於事的參考語詞】

拳拳服膺、怪事連連、事過境遷、雞毛蒜皮、低調、唯恐人不知、端倪、虛幻、春夢了無痕、不朽、永難忘懷、見微知著、信口開河、信手拈來、自適於天壤之間、閒情逸致、玩歲愒日、時光荏苒、向晚、周而復始、世風日下、養尊處優、面面俱到、禍福相倚、溫暖人心、悲從中來、腹笥甚窘、青出於藍、恍然大悟、茅塞頓開、百尺竿頭、人心不古、顚躓、尾大不掉、偃旗息鼓、戎馬倥傯、先聲奪人、一鼓作氣、望風披靡、尸位素餐、胼手胝足、功敗垂成、鎩羽而歸、背道而馳、方興未艾、息事寧人、東窗事發、千頭萬緒、事在人爲、盤根錯節、並行不悖、迫在眉睫、莫衷一是、隨波逐流、奉爲圭臬、越俎代庖、黔驢技窮、敷衍、回首已是百年身、相思欲寄、千里鵝毛、柳暗花明、坐看雲起時

【範文學學看】

另一種味道

說明：同一種食材經過不同的巧手烹調，能煮出不同的風味；習以為常的食物，在不同的心情下，也可能嘗出不同的滋味。同樣地，一件普通的事情，或者一位經常相處的人，甚至一個平素的時刻，你也會發現不一樣的感覺，那是為什麼？是你的心情改變了，還是有了什麼新變化？或者是你自己換一種角度去重新經驗原本熟悉的事物，而有了新的體會，請你將這個發現的過程與心境描寫出來。

練習小恐龍結構法：

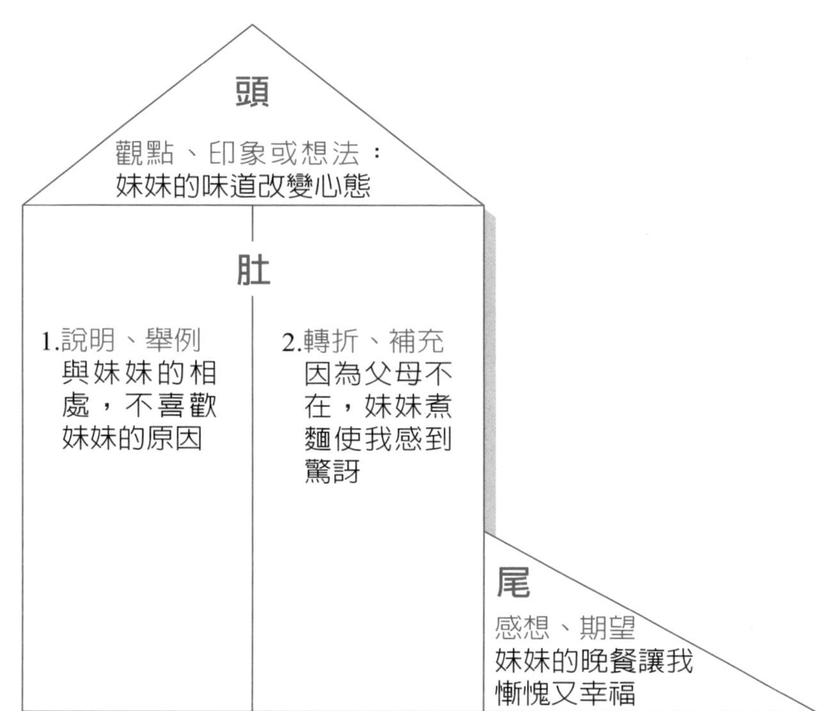
頭
觀點、印象或想法：
妹妹的味道改變心態
肚
1.說明、舉例
與妹妹的相處，不喜歡妹妹的原因
2.轉折、補充
因為父母不在，妹妹煮麵使我感到驚訝
尾
感想、期望
妹妹的晚餐讓我慚愧又幸福

另一種味道

有一種味道吮指回味樂無窮，那是口腹之慾的味道；有一種味道溫暖人心、沁人脾肺，那是人情味；還有一種味道「使我衣袖三年香」，那是友情的滋味。而有一種味道卻直入我腦海，改變了我的心態，那是專屬於妹妹的「味道」。

妹妹和我相差五歲，因爲爸爸媽媽上班忙碌的緣故，所以妹妹在六歲前都住在奶奶家，只有禮拜五的晚上，爸爸會去接妹妹回來。我們相處的時間都是週末假日，媽媽常戲說他們是妹妹的「週末父母」，我想，那我就是「週末姊姊」囉。

我不喜歡我的妹妹，因爲她只有週末回來，爸爸媽媽總是特別疼愛她，而她也特別會撒嬌，所以每次我們吵架時，爸爸從不罵她處罰她，挨罵的只有我。疲累的媽媽和爸爸，總是輪流像廣播似地重複說：「你是姐姐，妹妹週末才回家，你要讓她、照顧她。」但明明是妹妹搶我的玩具、搶我的電腦，她總是看我在做什麼、玩什麼就來湊熱鬧，如果我不依她，她就先聲奪人、先哭先贏，而我則是有理講不清。

我不喜歡我的妹妹，因爲她很懂得取悅爸爸媽媽，在爸爸媽媽面前總是溫柔乖巧像個小天使的模樣，所以總是被讚美很貼心懂事。但和我私底下相處時卻判若兩人，霸道驕縱，還經常口出惡言，凶起來和母老虎差不多。媽媽卻總是說妹妹很崇拜我、喜歡我，我才不覺得如此！

有一天，爸爸媽媽去屏東參加婚禮，她們說傍晚會回家，叫我們姐妹在家玩，等她們帶晚餐回家，但是從傍晚等到八點，爸媽都還沒回家，我們兩個早已經飢腸轆轆。等到接近九點的時候，媽媽打電話說有事情耽誤了，高速公路又遇上大塞車，可能很晚才趕得回來。我沮喪地掛上電話，但妹妹竟然天眞地說她要煮晚餐給我吃，我難以置信：「你怎麼可能會？」

沒想到小學二年級的妹妹，打開冰箱拿出兩顆蛋和麵條，竟然從容不迫煎了荷包蛋，用日本香菇醬油煮了熱騰騰香氣四溢的乾拌麵，我驚詫得目瞪口呆，因爲一直以來都是爸爸媽媽煮好吃的食物，我甚至沒有開過瓦斯爐。

當我吃著妹妹煮的晚餐，她告訴我是奶奶教的，我聽了又羨慕又歉疚，突然覺得我好幸福。妹妹因爲爸媽工作忙碌的緣故，無法接她回家天天照顧，相較之下我得到那麼多的愛，妹妹假日回家想分得多一點爸爸媽媽的關心，也是理所當然，而我比她大五歲卻老是和她計較嫉妒。

妹妹貼心的晚餐，讓我嚐到另一種味道，摻雜著慚愧的味道、幸福的味道、珍惜的味道……，謝謝我親愛的妹妹，你教會我領略不一樣的味道。

【綜合解析】

記敘流暢，心理與情緒的轉折處理得恰如其分，配合著情節前進，末尾回扣主題，將實際的味道與自己心裡的體會融合在一起。

街角一隅

說明：街角有我們的足跡，有許多短暫的交錯，一些未完待續的生活小品。街角有便利商店，有漫畫書店，有面熟卻不熟的鄰居，有流浪的小貓小狗……，你曾經在什麼樣的街角駐足，這裡有什麼樣的風景？有過什麼樣的人際交會？請你寫出一個你想介紹的街角，告訴人們這個街角與你的故事。

街角一隅

街角有時比某個觀光景點在記憶的場景裡更色彩鮮明。小學時家裡樓下的巷子，是我溫暖回憶的場域。家公寓樓下巷子，是鄰居小孩一起玩的遊樂世界，我們玩捉迷藏，躲在不同公寓的樓梯，等著被逮獲。

巷口的麵包店到了下午三點會傳出香噴噴的麵包味，整條巷子都聞得到誘人可口的氣息，媽媽會拿錢叫我去買熱騰騰的麵包，即使我在放學途中已經買過而且吃掉了，我還是會雀躍地再去一次。那是愉快、溫暖的味道。

街角的麵攤，常常高朋滿座，那是我國小五年級同班同學家裡開的小舖。我常常看到放學後他在麵攤幫忙父母，辛勤地端麵洗碗，他看到我會流露靦腆的神情，害羞地把眼神轉開。所以每次我經過，看到客人滿桌的小菜和湯麵，雖然我都食慾高漲，很想品嚐，但是因爲怕同學害羞尷尬，我都快步走過，不好意思多做停留。其實我一點也不會因此取笑他，反而我還常常覺得他是個孝順乖巧的好孩子。

麵攤的隔壁，有一家賣紅豆花生湯圓的老夫婦，他們的攤子只要開著，永遠沸滾著紅豆湯和花生湯，人潮絡繹不絕，我最喜歡宵夜時和爸爸媽媽去樓下吃紅豆湯圓，那是甜蜜的滋味，濃郁的記憶。

住處附近的街角常常是人們熟悉又忽略的風景，卻是我生活玩賞的小天地，像是一個小小的櫃子，每天打開關上，自在而有味道。

【綜合解析】
本文使用的是插敘法，讓這個區域的各種不同景物與人「並排」出現，穿插著自己的心情體會，清新自然，最後以一個恰當簡單的「盡情轉貼」法（譬喻）作結。

從此，我有了新的領悟

小學一年級時，對學校生活無法全然適應，我像是隻小白兔被丟到沒有遮蔽的操場，不知道

如何安心地跳躍。當時純眞的我，很害羞內向並且沒有自信，我沒有辦法把內心的感受好好表達，雖然每天遵守學校的規定，努力做應該做的事，但我並不開心，感覺像在迷宮中有既定的路徑，卻又戒愼怕犯錯，小小的我覺得沒有人在乎關心我。

當時在學校發生了一件大誤會，原本我想幫助同學，卻被同學誣賴他的錯是我造成的，那位同學沒有講出全部實情，所以老師認爲我罪大惡極，但內向口拙又害怕的我不知道如何解釋清楚。老師在全班面前叫我到黑板前伸出雙手，用棍子打了我很多下，當棍子抽在手掌心時，我既委屈害怕又自尊受創，卻只能默默強裝鎭定。然而老師爲了嚴厲處罰，不僅換了誣賴我的同學的位置，還叫全班不要和我做朋友。當時我很難過，但不知道如何反應，也不敢告訴爸爸媽媽，覺得沒有人會相信來龍去脈。

那之後的日子天天像嚴冬，我小小的心靈被寒風肆虐颼襲，因爲無力招架抵抗，我的心只能靜靜悄悄瑟縮。那時有一個和我同班的小女孩，我現在還依然記得她的名字，她沒有受到老師規定的影響，仍然和我玩，帶我去她家看蠶寶寶。她們家的蠶寶寶不是養在紙盒裡三五隻，而是養在兩個紅色巨大篩網，是我雙手手臂全部張開的寬度，密密麻麻好幾百隻的蠶寶寶在認眞啃食桑葉，我大開眼界，她還送了我好多隻蠶寶寶。

那一隻隻蠶寶寶就是流進我心裡的一道道活泉，她的友誼就如春風款款送暖，讓我覺得安全安定。她從沒和我談及那件在學校發生的事，她一點也不在乎老師的規定，也不像其他同學墨守老師對我的懲罰，她在校裡校外總是和我講話和我玩，她可愛圓圓的臉龐總是綻放友善的笑容，那雙充滿笑意亮晶晶的黑眼睛總是在我眼前閃爍！

後來小學二年級重新分班，沒想到不久後她也轉學了，小小年紀的我們失去聯絡，但她的笑容、她越過藩籬的溫暖的手，讓我領悟眞正的友誼是不受任何雜質干擾汙染，是患難見眞情的！是值得放在心上永久懷念的！也讓我領悟，永遠記得時時將溫暖的友誼勇敢傳遞出去！

【綜合解析】

先敘述自己的困境與痛苦，「反襯」出突來的友情的珍貴，舉出數個小實例使文章增加真實性與可讀性，最後將自己的深刻感觸與領悟以排比、層遞方式呈現。

可貴的合作經驗

（6級分樣卷／心測中心）

清亮的琴聲瀰漫四周，彷彿看到了洋面上的波光粼粼、太陽初升時的晨曦。接受一場音樂的洗禮後，我決定開始學琴。

從可以在五線譜中迷失方向，到雙手盡情地在琴鍵上奔跑、跳躍，我費了極大的努力和鋼琴培養感情，漸漸地，我可以感受到音符跳動的生命力，也可以體會作曲者的用心。有一次的音樂課，老師面帶微笑地說，要我們組隊舉辦一場班級性的小型發表會，大家興奮地討論著，我內心如黑夜中綻放的煙火般雀躍不已，接著便開始進行。

我們幾個皆有學音樂的好友，積極地討論分配工作，不料，才剛決定好演奏的樂器，就傳出反對的聲音。「為什麼是我吹直笛？我也想彈鋼琴！」組員們互相看了一眼，也開始不滿意自己的樂器，周圍的氣氛如沸騰的熱火，越滾越令人憂慮，又經過許久的協調後，各自才定了下來。然後開始一天天的練習，我發現同一首曲子，每個人詮釋出的感受不盡相同，對於重視的方向也不一樣，但在多次的練習後終能達成共識。

終於到了上台演奏的這一天，我緩緩地打開琴蓋，都站定位後，我們就很有默契地點了點頭，並開始演奏，悠美的樂器和諧地融為一體，沉浸在音樂的世界裡，我聽到的不單只是那一個個渾圓的音符，而是聽到我們辛苦練習後形成的完美音符。走過無垠沙漠後，喝下了第一口水，才知道它的清澈甘甜，在付出後得到成果，才是最能感動人心的。

我們開心地享受熱烈的掌聲，而這次的合作，讓我了解，每個人都是一塊獨一無二的拼圖，硬湊是無法排出美麗圖樣的，但經過旋轉、不斷地嘗試後，看到整幅畫面時，是多麼令人歡喜！我願這可貴的經驗能化為豐富的養分，陪伴我成長，讓我永遠記得這振奮的一刻。

【綜合解析】

先描述自己學琴的過程，然後舉出合奏的衝突與轉圜，最後成功演出。詳將自己的感觸突顯出來，以出色的譬喻與期望法作結。我們要注意：寫「合作必要有轉折」，必須要有衝突協調或是突破困難的劇情，才吸引人。

太魯閣朝山行

（聯合報／節錄）／余光中

第一天因爲暮色逼人，匆匆來去，第二天上午就專程深入，去探太魯閣的肺腑和關節……從此西去，海拔愈來愈高，地勢愈來愈險，岩石愈益托大，天空愈益縮小，正是古代畫家夢寐以求的奇景絕勝。光有石還不算，得有活水來激發太古元始的靜趣。王思任的警句：「天爲山欺，水求石放」用來形容太魯閣險中寓美之奇，再眞切不過。……有些隧道是傳統的首尾貫通，有些在向溪流的外側僅以疏疏的水泥立柱支撐：貫通的該是山的迴腸，側空的就是山的肋骨了。

似乎還嫌山客的眼睛不夠忙，隔著中間的澗谷，對面的大幅絕壁，不僅來龍去脈，或縱或橫或斜迤，暴露出元氣沛然的大斧皴法，更赫然開出了巖洞，大小不一，深淺有異，就是所謂的燕子口了。可讓燕子像烏衣武俠一般出沒的水簾洞，我在巴西的伊瓜蘇大瀑布曾見識過，其數卻不如太魯閣之多。

「山從人面起，雲傍馬頭生。」李白的名句忽來唇邊，尤其是上一句，最切合太魯閣了。東西橫貫公路是向造化爭地，硬討過來的一線文明，像一條陸上的運河，通車而非通船，貫通了台灣海峽和太平洋。自其虛者而觀之，則又像一條曲折的腰帶，繫在多少皺褶的峻坡甚至絕壁上；若用地圖思考，就成了一道幾何美學的等高線。……

東西橫貫公路是一把刻骨的雕刀，絕情地向陡坡的筋骨挑剔出來的穴道。「山從人面起」雖爲修辭之誇張格，仍不足狀其逼迫，因爲有些段落的山壁不但逼人臉頰，而且低壓在人頭頂，不但是絕壁，簡直成了倒壁，咬牙切齒，極盡威脅之勢。

那天我們受盡威脅。峰迴路轉，穴閉洞開，驚多於喜。往往一個突轉，陰陽乍變，和驟遇的山貌打一個照面，車中人不約而同猛發尖叫……。

【綜合解析】
吐詞文雅，旁徵博引，將山當作人體來描述，顯得有趣又特別，加入驚險刺激的心情感受，這樣的遊記令人如臨其境，感同身受。

「文學」圖書館奇遇記

圖書館現在已經打烊，一本小說躺在櫃檯後方等著再被放回架上；這本嶄新的小說顯得很興奮，因爲自從被印刷出來第一次見到這麼多不同的書。

「咳咳，大家好，我是一本文學小說，我今天才剛剛蒞臨新書架上，馬上就有一個學生來拜讀，我眞是太受歡迎了。對了，非常榮幸在這裡跟大家見面，我想我應該自我介紹一下……」

「喂，等等，你怎麼知道你不是一本通俗小說，而是一本文學小說？我看你的樣子，既不像穿著優雅樸實的古典小說，你的臉上也沒有知名文學家的名字，你怎麼知道你是一本文學小說？」櫃檯上一本活頁書問。

「這位先生你實在太不客氣了，難道你不知道通俗與文學的差別嗎？以我繁複華麗的內涵，用盡力氣想要刻畫人性的高貴情操，絕對不會有太多人讀得懂的未來規劃，我怎麼可能是一本通俗小說呢？老天啊，難道以貌取人在這個時代有境外豁免權？」

這時有一本花花綠綠的書跳到文學面前說：「別理他，他是圖書館分類目錄，他幾乎把分類當作天職，他不知道大家老是變來變去、跑來跑去，要分類實在太累，其實只要分得出是跟團還是自由行不就好了嗎？你好，我是旅遊書。」

「你好，原來你是旅遊書，難怪身上這麼多風景照片。」文學說。

不知又從哪裡冒出一本書：「嗨！兩位好，我是名人寫的熱門暢銷書。別人的還有自己的八卦對我最有意義，其他的我都不感興趣。」

「大家不能老是把八卦當作是種好文學啊，先生。」文學說。

「小心說話，他的兄弟姊妹佔領了所有的公共場所，當然，還有私人領域。」旅遊提醒著，他對空間最有研究。

「別這樣，我是很隨和的，八卦跟朋友一樣，每個人都需要嘛。」八卦書說。

這時有個江南口音：「這個似乎不錯，來試試。」說著晃過來了兩本大書，兩個都穿著厚厚的外套、挺著大肚子，其中一個紅綢外套上的燙金字有些斑駁，側腰似乎因爲長期被摩娑顯得有些黑亮，另一個乾淨多了，但也看得出有些年紀。

「快過去行禮，這兩個是你的老前輩。」旅遊拍拍文學，指著穿紅綢外套的說：「他是『紅樓夢』，」再指另一位，「他是『追憶似水年華』。」

「他們兩個老是在吃。」旅遊補充。

「啊，兩位大名如雷貫耳，久仰久仰。」見到鼎鼎大名而且製造者已經登仙的兩位前輩，文學肅然起敬，說了許多仰慕的話，服侍著兩位老人家就座。

「嗨！」剛好有一本小書衝過去，「bye-bye。」

「見著沒？」

「What？沒看到，那是什麼？」

「那是短篇。現在沒人有耐心讀我們，這些小傢伙，才成天嘎跑來跑去，不見頭，不見尾，不成個樣。」紅樓夢說完，兩老相視一嘆，接著嘮嘮叨叨地討論起食物來，鉅細靡遺、匪夷所思的程度讓文學他們三個差點吐了。也因此，文學沒空提起勇氣跟他們討論文學。

他們走到一個轉角遇到一本打扮非常超現代的書。

「他是藝術。」旅遊說。

「假如你是文學，那你是我的一部分。我有各式各樣的面貌，或者你有自己的主意，只要你翻轉一下筆觸，都可能不小心爲自己贏得一個『主義』。」藝術說。

「可是，我很多都看不懂，而且我有時不喜歡被劃分門派。」文學說。

「這都無所謂，大部分的時候，我們只要忙著表現自己，順便激起別人一些短暫的反應。你還年輕，你自己就是你自己，去吧，去好好展現自己，去到處闖蕩，去愛你想愛的。」

「你說得眞好！我心裡有一個快樂的聲音響了起來。」

「謝謝你們，再見。」文學向這些書道別。

文學現在感到生意盎然，心情輕鬆得像一本漫畫。接著他們轉過了一根柱子，文學突然眼睛一亮。

「喔！親愛的小姐，你是我見過這個星球上最動人的生物了。你有最前衛的髮型，顏色最炫最符合你臉型的眼影和腮紅，你的唇膏一輩子也不會掉色，更別說你身上剪裁大方多變、布料極少的視覺系服飾，那一定是名家手筆！還有鞋子，是的，那不能說是鞋子，那是襯托你美麗玉足最恰當的裝飾品。」文學說。

「文學，你千萬別愛上她，她是一本雜誌，她只有一個月的美麗。」旅遊說。

文學不理旅遊，繼續說著：「你全身銅板彩色印刷眞是讓我自慚形穢，美麗的小姐，你願意聽我說幾句話嗎？」

雜誌輕輕地翻動著，慵懶地擺出無可無不可的樣子。

「太好了，我的公主。我是一本文學小說，我來自一個孤單而豐富的國度，我有時奇幻得連我自己都抓不住自己，有時深情得讓這個世界值得期待，有時悲苦得連老天爺都被罵翻，也有時渾身充滿實驗味道，相信我，那是評審的最愛。我曾經讓小人物活出了舞台，讓大人物恢復人的本來自在。喔，對不起，我太久沒說話，動不動押韻起來。」

「別說這些了。你愛我嗎？」雜誌終於開口。

「我親愛的茱麗葉，我當然愛你。我是如此自然地愛你，就像下雨，我會是一溜晶瑩剔透的水滴，你的心將在此獲得所有的投射；就像石畔激盪的漣漪，也許我會是一條深山的涓流，專門治療你的口渴與自戀；就像無邊無盡的波濤，我會是汪洋大海，任你泅泳在無限的想像裡。」

「告訴我你有多愛我？」

「我有這……麼愛你。」

「哦？這麼愛是多愛？跟那麼愛有什麼不一樣？」

「這麼愛是環繞地球八億七千五百萬乘以十的五千七百六十三萬次方個圈，跟那麼愛的唯一差別是從左開始繞圈。」

「你一定是一本言情小說。」

「為了你，我願意變成任何一本小說。為了你，我願意毫無怨言陪你逛街，就算是雙腳殘廢。出門的時候，我不僅不會催促你化妝，還會放上最適合你心情的音樂。為了你，我在外面努力賺錢，還會每天回家做家事。親愛的，你就是我存在的目的，黛玉妹妹。」

「能把甜言蜜語說得這麼隨意，你一定是個正人君子！」

聽說文學後來就跟他的雜誌愛人在一起，不久後工友把過期雜誌還有混在其中的文學一起帶走了。

【綜合解析】

本篇值得我們學習的是：擬人法的運用；精彩的互動對話；有想像力、創造力又有趣的描述；以及從沉重困惑到活力開朗的轉折。

第4回

道心情的「抒情文」

考試歷來最常出現「記敘抒情」體裁，我們已經學習了記敘的技巧與方法，針對抒情內容的寫法，現在要開始訓練如何正確而恰當地表達我們的情感、情緒、感觸、感悟與心情波動，達到情深感人、意在言外、回味無窮！

一、什麼是抒情文

抒情文就是「道心情」。將自己的感情真摯地抒發，有效地彰顯，喜怒哀樂、悲歡離合都化入字裡行間，埋下情感種子，開出抒情文之花，進而感染引動讀者。由於感情是抽象的，所以寫作抒情文需要藉著「記敘」（如蘇軾的〈記承天寺遊記〉、冰心的〈小橘燈〉）和「描寫」（如梁實秋的〈鳥〉），甚至「論述」（如諸葛亮的〈出師表〉、徐志摩的〈數大便是美〉）等手法來表達；但不同的是，記敘文敘述現象，論說文旨在說理，抒情文著重的是情感表述。情如何表達？可以含蓄，可以奔放，然而要注意，寧可「情溢乎辭」也不要「辭濫於情」，也就是情感表達最好適當，不矯揉做作。

二、如何寫抒情文

1. 私我的感受

抒情文完全是私密的、獨我的，即使面對同樣的事情，每一個人的感受都可能大相逕庭。所以最重要的是寫出自己的感受，不論其他人做如何想，是喜是怒是恨是悔？自己的感受才是最核心的重點，即使眾人皆醉，我也可以獨醒。

齊格飛教你一招

「由小見大；由大寫小」

由小見大：例如一個小事件或小物品，引發對親情的歌頌。

由大寫小：在情感互動中，揀選突出的小故事、小感動或小物件來引伸。

2. 發自內心，眞情流露

抒情文要眞情流露、自然感人，考試時最好以眞實的人物、眞實的事件產生眞實的感情入文，並善用「渲染」來造成動人的效果。例如：心碎的年輕漁夫撲倒在她的身邊，輕吻著她冰冷的雙唇，撥弄她琥珀色濕漉漉的髮絡。他在她的身邊躺下，將冰涼的軀體抱在懷中，頻頻抽搐，不住淌淚。（〈愛，要不要靈魂〉／王爾德（Oscar Wilde））

3. 刻畫細膩、深刻

描寫時不可膚淺、陳腔濫調，要有比別人更細膩的感觸、更深入的刻畫，才會有動人的作品。可以利用一些小細節來作爲鋪排的材料，例如琦君寫母親的〈髻〉；或是一個小事件，例如朱自清寫父親爬上月台的〈背影〉：我看見他帶著黑布小帽，穿著黑布大馬褂，深青布棉袍，蹣跚地走到鐵道邊，慢慢探身下去，尚不大難。可是他穿過鐵道要爬上那邊月台，就不容易了。他用兩手攀著上面，兩腳再向上縮；他肥胖的身子向左微傾，顯出努力的樣子。這時我看見他的背影……。注意，寧可細膩，也不可含混籠統。

4. 記敘、抒情相間

考試時記敘、抒情相間，以象徵手法來處理，才能避免濫情。不要完全敘事，而是用景、物、人來襯托，孕育出「熱情中有含蓄，含蓄中有激盪」的效果。而「睹物思人」或「觸景生情」都是在表達懷念或感動，要著墨心理的描寫，才能引起同理與共鳴。

5. 利用對比、轉折

抒情文最怕「只是當時已惘然」，心中所想表達不出；又怕「爲賦新詞強說愁」，情感氾濫成災。我們可以儘量利用過去/現在、內在/外在的對比，例如當年她花樣年華，如今是殘花敗柳；他表面裝得和善如同一笑面佛，其實一肚子壞水。多練習這樣的映襯寫法，讓文章立體起來。利用「起、承、轉、合」的佈局來抒情。例如寫到友情，可以這樣安排：

起：寫認識的經過，略加人物、場景描寫。

承：雙方情感的發展、相處的過程。

轉：離別或誤會的原因及情境。

合：內心的懷念、祝福與期盼。

6. 餘味回盪

意猶未盡、回味無窮才會產生扣人心弦的力量。這時感嘆、緬懷、期待的結尾法是最適合的。例如：

「父親走後，因爲老家沒變，我們四姐妹沒有人提起要整理他的書桌，彷彿它的存在會是恆長。那個童年時存在的書桌已經三四十年，我想回娘家時去坐在父親的書桌，打開那個抽屜，再看一遍我熟悉的安放，溫習幼年時緊張的心情，對照現在恬淡自適的心境，希望如果父親在天國凝望我翻閱他的照片，能知道我們一切安好！」

三、寫抒情文時注意

1. 考試時的抒情文通常以「懷人、敘事」入題，例如：「常常，我想起那雙手」、「那一刻，眞美」、「我曾那樣追尋」等等；而懷人類則以親情、友情爲主。
2. 強調積極的、光明面的，或是生命中重要的感動、感謝。
3. 選用「獨特」的材料，儘量寫一些與別人不同的題材，例如大家都寫媽媽的手，那麼我們就寫一雙不同的手如：爺爺的、老師的、妹妹的……。如果大家都寫成功的經驗，我們不妨寫一次失敗的教訓。
4. 梁啓超把抒發感情的方法，分成三種：「奔進的表情法」、「迴盪的表情法」、「含蓄的表情法」。這三種方法我們可以交替使用，但在一篇文章中，風格必須統一，也就是以其中一種方法爲主。

練習：下雨了

說明：我們都遇見過雨天，有時是毛毛細雨，有時是滂陀大雨，有驟至驟停的西北雨，也有連綿不絕的梅雨季；你可曾觀察過下雨時分，有過什麼樣子的經歷和感想，是不是曾經因為下雨而打斷了計畫，停下了腳步，或是一時的雨勢淋出新奇的感觸，或是似曾相識的雨景勾起你的回憶。還是將下雨當作是「困境」的象徵，如何未雨綢繆，如何使自己雨過天青，或者停下來欣賞欣賞雨景。

四、考試會出現的題型有兩大類：「記敘抒情」與「人、物」抒情

㈠記敘抒情

考試通常會要求描述一件事情，要我們針對這一事件抒發情感，寫下感覺、感動，例如「那一刻，真美」、「那件事，真值得喝采」、「來不及」、「我有勇氣拒絕」、「我曾那樣的追尋」等等，這時我們必須先選定然後描述一件事情，再針對這一件事發抒相應的感情。

題目：一件難忘的事

審題

1. 記憶中一件難忘的事情，只能是「一件」。

1. 以記敘抒情的文體寫作。記敘與抒情同時並行，也就是把感情、反應放入描繪的情境中。

2. 選擇這件事情是關於：親情、友情或自己的特殊經歷，經歷可以是一次畢業旅遊、比賽、考試、

意外。

3. 定義難忘的原因是什麼？感動、成長、突破、尷尬、遺憾……還是因此的收穫。

4. 末段收尾要有力，令人回味無窮。

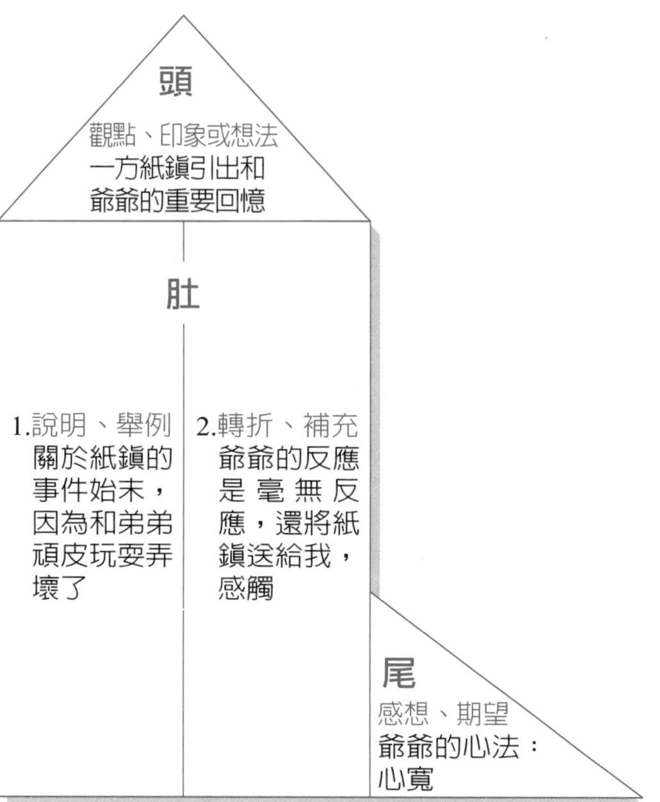

頭
觀點、印象或想法
一方紙鎮引出和
爺爺的重要回憶
肚
1.說明、舉例
關於紙鎮的
事件始末，
因為和弟弟
頑皮玩耍弄
壞了
2.轉折、補充
爺爺的反應
是毫無反
應，還將紙
鎮送給我，
感觸
尾
感想、期望
爺爺的心法：
心寬

一件難忘的事

在我書桌唯一俐落的一隅，彷彿雜亂自動退散的一隅，靜靜躺著一方紙鎮。紙鎮樸質的外型好像散發著驅趕他物的氣息，格格不入的似乎不是孤伶伶的它，而是我房間拒絕和它搭配的書籍用品。黃底青紋玉質方座上的那頭小獅子，從脖頸處到腳趾斜斜地紋著一道傷痕，訴說著我和親愛的爺爺的一道往事，難以忘懷的往事。

小學三年級時有一天爸媽不在家，我和弟弟、爺爺待在家裡。爺爺沉浸於例行午睡中，我和弟弟玩著玩著就在家中追逐起來。我鑽進了爺爺的書房，鑽進爺爺的書桌下，就在弟弟即將抓住我時，我猛地抬頭往外竄，「碰」的一聲，頭上和腳趾同時傳來劇痛。原來我撞傾了書桌，書桌上的那方紙鎮正好砸到我的腳拇趾，我痛得想大哭，一旁的弟弟卻一臉驚恐指著我的腳旁，我一瞥眼，嚇得把哭聲也壓下了。

爺爺的紙鎮裂成了兩段，上頭那隻漂亮的小獅子硬生生被分屍，這是爺爺的寶物啊！聽爸爸說這紙鎮大有來歷，是陪伴爺爺浪跡天涯的古董，有爺爺半生的故事藏在裡面，當然也非常受他珍惜重視。目瞪口呆一會兒後，我想這下子禍闖大了，該怎麼辦？情急之下，顧不得腳痛，只想著該怎麼解決這天大的危機。

到了晚上，忐忑的心一直無法放鬆，一直攪在恐懼和悔恨的漩渦中，甚至爺爺進房中都沒察覺，「阿你腳痛有卡好末？」說著，爺爺拿出密藏的藥酒，揉起我受傷的腳趾。我緊忍住眼淚不滴下來，哽咽的喉頭也不敢發出聲音。

這件事發生迄今已經過了六年，但是我經常經常想起那個畫面，爺爺銀白的頭髮在我眼前晃著，不捨地推揉我的腳趾，而我早已忘了痛。那天以後爺爺從來沒有提過紙鎮的事，我也不敢面對當時那個「聰明的」障眼法，自以爲神不知鬼不覺。小學畢業時，我們家搬離鄉下，離開了爺爺。而那方紙鎮在搬家前，爺爺叫我進書房親手送給了我，記得我只是不斷摩挲上頭那條被我用快乾膠小心翼翼接合起來的傷痕（其實明顯得不得了），爺爺則摩挲著我的頭，只是叮嚀我照顧身體、用功讀冊。

現在每當心情鬱悶，快被功課和周遭人事煩得快抓狂時，看看紙鎮上的小獅子，我便會立時平靜下來，因爲那上頭，有我會一輩子謹記的爺爺親傳心法：「心寬」；寬容對待世界，寬和對待親友，寬心對待自己。

【綜合解析】

1. 那時是什麼一個時刻，為什麼會難忘，想起什麼？重要的感觸和領悟是什麼？好好排列這幾個問題，就等於擬好了大綱。

2. 範文首段先以一件物品觸發回憶，回憶起和爺爺發生的一件難忘往事，將抽象的事情寄託在具體的物品上。接著，敘述事情發生的始末，配角是弟弟，簡單的劇情卻將情境鋪陳得有吸引力，自己的各種心情反應如緊張害怕、自作聰明、悔恨恐懼適時穿插於情節中，把「真正的」結局放到最後，產生「揭曉」的懸念。末段才將自我領悟完全表達，作為引人回味、發人深省的「扣題」收尾。

那一次，我自己做決定

（6級分樣卷／心測中心）

小小年紀的我仰著頭，看著家燕辛勤往返，母燕精挑細選一個她可以安心撫育她孩子的避風港，家中屋隅雀屏中選，在某日清晨燕語呢喃，我索性拉了一張小圓凳守在下面，想要一親那黃口索食的芳澤。細小鮮黃的鳥喙可憐地一張一合，公燕母燕輪流餵食，任小燕子恣意掏空嘴裡的食物。燕窩，燕窩，不單是滋補身體的營養品，更是家燕對孩子付出的最佳代名詞。

「咻——」正當我興味淋漓地欣賞這部平凡中見偉大的紀錄片時，一隻小燕猛地墜落，我趕緊起身張開小手，只見那隻柔弱墜在手心。我屏息，不敢呼吸、不敢用力，我珍重地捧著牠「舉手齊鼻」想瞧清楚牠清秀的容顏，烏溜溜的眼睛轉呀轉，鳥的眼睛不是黑白分明而是一泓深不見底的黑潭；毛還沒長齊的身軀，初冒的羽管扎得我掌心微疼。我輕柔地捧著牠，走進廚房問被油煙熏得熱汗直流的母親，我是否可以人代母鳥職，母親應允：「但一切你自己要負責喔！」

夜裡我總要起身數次，去看看我的可人兒是否安穩地纏綿紙窩，昏黃的燈光映著牠小小的臉，漸漸長齊的羽毛約略想像得出來牠以後臨風顧盼的英姿。爲人母的感覺就是如此吧！看著自己以血汗灌溉成長的孩子長大，總有一天，牠會飛出去，飛出去闖，飛出去闖出一片天，屆時養育父母再也無法像此時此刻愛憐地看著牠、愛憐地撫著牠細柔的羽毛，愛憐地享受牠索食聲孜孜的依賴。

狹小的人造建築已無法海納牠那日益茁壯的雙翅，牠再也不甘於停留在我指上，牠開始向較高的電冰箱挑戰，最後到電風扇攻頂。「小屋安納鳥之天空」我知道再讓牠在這小屋生活下去就如同軟禁了牠迎向天頂的偉大理想；我知道再讓牠在這小屋生活下去就如同禁錮了牠爲了振飛戾天的強壯雙翼。那一次，我自己做決定，割捨了家人對牠的萬般不捨，我放手，讓牠飛，牠該去瞧一瞧雲的變化多端；牠該去迎接那一陣陣爲牠而生的上升氣流。放手時，我的心安靜地淌血，世間上最完美的盈弱這一剎那從我指尖溜出。但我不後悔，因爲這個決定能給他更開闊的天空、更寬廣的天空。

【綜合解析】

1. 本文的取材立意新穎有張力，寫養小燕子的百般呵護，最後卻選擇放手讓牠飛，充滿戲劇性。
2. 文字描述非常細膩，修辭運用有一定的功力，特別是擬人。事件的始末以及中間的情感轉折非常動人。
3. 強調決定是為了對方好，也就是養大的小燕子應該放飛天際，這樣的決定是貼心，是領悟，也是成長的要件。雖偶有語意不順、辭甚乎情的地方，但不影響獲取六級分的條件。

那一刻，眞美

（6級分樣卷／心測中心）

準時收看奧運轉播已成了習慣。每一屆的比賽都訴說著選手四年來的夢想及希望，重複著單調的練習，爲的就是在體育場上完成畢生的心願。我最喜歡看跳水，選手優雅的身姿，流暢的動作、結實的肌肉因運動起伏，選手本身就是件精緻的作品，而跳水更是一門藝術。

有力的破題！鎖定全球最重要的體育盛事奧運，再以遞進式的手法：奧運→→選手→→跳水項目→→跳水選手，聚焦到所要描繪的主題。

有一屆東京奧運，在跳水池邊的觀眾見識到什麼才叫堅持。那年，美國隊代表在賽前極被看好，甚至篤定冠軍非他莫屬。但在指定動作賽時，他因判斷失誤而撞上跳水板！「啊！」觀眾爲他發出惋惜的抽氣及驚叫，隨著那空洞、巨大的撞擊聲而來的是前功盡棄的嘆息。但在暫時縫合傷口後，他毅然決然地重回跳水板。一樣的自信優雅，一貫的流暢，他臉上的安詳使我動容，我甚至在他身上看見了天使！入水的那一剎那，掌聲、尖叫如雷的響起，那能量之巨大，震得飛鳥不由自主瑟縮了一下。

在裁判詢問他是否要繼續比賽時，他大可放棄的，畢竟失去奪冠的機會，比賽也失去意義。「不，我必須爲這四年的苦練做個交代，我不能這麼不明不白地回美國！繼續比賽，至少，我盡力了！」那時，他認眞的表情震撼了我半途而廢的惰性，將它粉碎了。那一刻，眞美！

選擇了一個反差大、戲劇化的情節作爲主題，使得讀者的情緒不知不覺被鎖住，只想進一步得知後來如何。「情境」的掌控也已經突破轉播的「畫面」，不時描寫整場的情緒波動，讓我們如臨現場。這是「重現」情境的重要技巧，強調現場感覺與在場者的心理反應，非常値得學習。

一顆爲長久堅持的理想奮戰的心是最美的；一顆忠於自我的心是動人的；一顆堅定、不放棄的心是感人的。我想，他說話的那最美的一刻將永遠烙在我的心口，使我日日品嘗，夜夜回味。

【綜合解析】

1. 用排比法定義受感動之處，而「最美的那一刻」成了一個深刻的烙印，其中又帶著自我期勉，這樣的結尾是得高分的最佳範例。
2. 作者文字洗鍊，用詞精準，不拖泥帶水，略有渲染誇飾，還好大致在情理之內。
3. 另外，從這篇文章中，我們發現這個題材的主角是轉播現場的選手，是公眾人物，正因為如此，自己的私感更容易與群體的共感結合，也就更容易被理解。至於選手當時所說的話究竟能不能實際聽到，並不重要，也就是說作者善於剪裁故事，「故事」本身的張力凌駕真實性，經由他的筆，或許比真正的事件還來得深刻。

4. 美在何處？美就在我們每一個人的心中，不論是你自己的親身經歷，或是你看見發生在他人身上的片刻，都能觸動我們對「美」共同的感受。於是，那個美就從你心中傳達到閱讀者的心中了；不論是對小動物的情感、對自我的堅持，那份真摯的情緒總是能點燃人們心田裡純真的感動。

5. 所以，我們在選擇題材時，不必拘泥或耽陷於多麼偉大或是多麼深重的事件，只要有把握寫出打動人心的作品，即使一個小小的事件也能達成得高分的效果。

我曾那樣追尋

（6級分樣卷／心測中心）

有一種滋味，嚐過便忘不了；有一種觸動，經歷過便捨棄不了；有一種追尋，芰荷映水般地烙下刻骨銘心的記號。

排比法開頭，同時加入譬喻，增加變化。

從小，聽著帕格尼尼、海飛茲等大家以絢爛的技法從指間流洩出美妙的音符，我都如痴如醉。小學一年級，終於踏入古典音樂殿堂，追尋弦樂中音色最爲嘹亮高亢的小提琴。

初學乍練，以我高昂的鬥志和對音樂的熱情，孜孜矻矻地扎下了厚實的基本功，一本本練習曲勢如破竹。然而，我的路程愈來愈崎嶇，隨著時光流逝，平坦的康莊大道成了蜿蜒小徑，每當征服一座山頭，眺望下一個目標，又是龍盤虎踞。漸漸地，我退縮了，也不斷在心中反覆思量，我很清楚小提琴技法一日不練即見生疏，停留原地是痴人說夢。但我的心靈糧食足夠我翻山越嶺嗎？

我畏懼面對自己的怠惰，害怕地以升國中課業繁重為堅強的擋箭牌面對自己、面對周遭質疑。把自己包覆在合理的謊言下洋洋自得。然而我錯了！時間的巨輪會抹去鮮豔的糖衣，讓我認清自己的懦弱！

關鍵的轉折！作者用極小的篇幅和精彩的修辭給這篇文章一道閃電，學習小提琴這樣並非一般的經歷，突然有了雲霄飛車似的情節，由高峰落下，同時為後段收尾預做鋪陳。

每當夜闌人靜，驀然回首，望著曾經生滿厚皮的指尖，撫摩著伴我度過悲歡歲月的小提琴，內心總免不了升起一陣嘆息。但如今，我已後悔，六年的砥礪已使我學會原泉混混、盈科而後進的道理，也使我不再讓握在手裡的輕易溜走。並且，也希冀如有機會能再與小提琴相伴，緊緊抓住這珍貴時光，不輕言鬆手。畢竟，我曾那樣追尋……。

【綜合解析】

1.「先談遺憾，然後檢討，再做自我期勉，最末重申主題。」這樣的收尾手法既真實又討好，畢竟人非聖賢，缺憾、後悔，人之常情，而「追尋」可以是成功的，也可以是未完成的片段。

2. 但是懂得自我反省，然後勉勵自己，這是絕大部分閱卷者所樂於在中學生身上看見「充滿生機」的特質。美中不足的是，末段由於投注的情感太多，顯得有些匆促，如果可以多一些篇幅，或另起一段在前，描述後悔以及後來的心境轉折，將會更好。

我從同學身上學到的事

（6級分樣卷／心測中心）

皎潔的月高掛天空，星星一閃一閃散發出慘澹的光，在畢業的那一晚，我細細地品嚐同學們給我的祝福字條，不禁漾起了微笑。不同的筆跡，來自不同個性的主人，而我，在他們的喜、怒、哀、樂中，學到了全世界。

我，一個害羞內向的鄉下小孩，總是活在自己心扉底那小小世界，在大學校裡，顯得與外向的他們格格不入，漸漸地，我變得好寂寞。但是他們的笑聲和有趣的動作，卻總是吸引著我的目光，我知道毛毛蟲也是要勇敢地突破蛹，才有機會蛻變成一隻美麗蝴蝶，於是我學他們勇敢地說出自己的想法，展現自己的自信，適度地表現自己的情緒，漸漸地，我多了好多朋友，也多了許多歡笑。

詳述自己的缺點，用簡明的譬喻法來描寫自己的轉變。考試中，時間有限，不一定非要標新立異，用險硬冷僻的修辭或例子；簡單，能讓感情自然流露即是好的修辭。反過來說，平常多多練習聯想、想像，訓練自己的譬喻、轉化等能力，多運用一些例子，考試時自然能駕輕就熟。

融入了這個大家庭後，他們會分享他們的生活，也會告訴我許多有趣的事，在他們身上我學到了好多的事，其中，我最珍藏的知識就是自信，看著他們那麼地樂觀，那麼侃侃而談，使我更有自信地表現自己，讓自己在生命的舞臺上發出了光芒。

脫去了沒有自信的外衣，讓我尋回了歡笑，離開了這間教室，也與這群小老師各奔東西，但從他們身上學到的自信我一定會好好收藏，握在手上的祝福字條，每一張都附上了一個大大的笑臉，每一個笑臉都好像在對我說：「要活得有自信，要懂得用燦爛的笑迎接每一天。」是的！只要打開心扉，我可以學到更多的事，使自己的世界變得更繽紛更遼闊。

【綜合解析】

1. 再加強從同學中學到的事情如何幫助自己獲得更多。末段定義同學們是小老師，畫龍點睛。然後呼應首段的閱讀字條的情境，產生一種片刻即永恆的效果，是收束文章的好方法。

2. 這篇文章如果可以在二、三段中舉幾個和同學實際互動的例子與對話，將會比較真實而不空泛，也一定會更加地生動立體。

齊格飛教你一招

「發聲音，動起來」

我們可以多加練習與人互動的「情節、對話」以備運用於記述自己的生活經驗。甚至，多將「對話」穿插情節中，會顯得更活潑、可信。

例如我們可以將A改寫成B：

A：我們揮手道過再見，轉身離開。

B：「再見，多保重啊！」他說。我聽著他離去時「啪啦啪啦」的腳步聲，一絲離別的悵然幽幽升起……。

但要注意，在抒情文中「故事」不可佔太大的篇幅，因為重要的是自我的感受。

(三・一)藉物抒情

透過一件物品抒發對人、對事的特殊感受。

大考較少出現「單純地詠物」，曾出現的「影響生活的一項發明」應以說明文寫作爲佳，預試題目中曾出現「一張舊照片」、「一份特別的禮物」不限定寫一件「眞實」的物品，也可以寫「一句話」或「一份感情」。另外，「發現學校的後花園」、「一個屬於我的理想房間」則不是物品了，而是一個地方或環境。

但是，我們練習以物抒情有一個好處，我們可以藉著這項物品來「回憶」，興起聯想，再帶引出跟這物品有關的人與事，那麼就顯得合情合理多了。

由於物品是具體的，藉由描述可以使抽象的「情」具體化；我們從朱自清的〈背影〉一文，也可以發現，爸爸抱著的朱紅色橘子恰恰象徵「父愛的光輝」。「物品」多指生活中使用的東西，也可以是一些特別的物品，例如紀念品、禮物等。文章應通過一件別具意義的物品抒發感受。從一個點開始，擴散聯想到其他，必須要寫出從這件物品所連結起的人或事，並仔細描寫、記述，從中抒發感情。

首先，描述這一樣物品物理上和來源上的特徵、特色，也就是寫出這件物品的基本資料譬如外形、性質、類別，是日用品？擺飾品？首飾？玩具？CD……等等，你是如何得來的，來自他人贈送？生日禮物？自己買的？撿的？親手做的？還是有其他什麼特別的來源或用途，或者它都置放於何處。

然後說明這件物品的意義，跟這物品有直接關係的事件，譬如你得到這物品的經過。最後，抒發自己內心的感受和體會，譬如從物品感受到友情、親情的可貴；珍惜眼前擁有的一切；好好對待身邊的人，認眞體悟自己遇到的事；或是有什麼期待。

從那件事中，我發現不一樣的自己

（6級分樣卷／心測中心）

一個寂靜的下午，充塞著夏日的濕熱，一把刻刀，一枚印石，在一陣陣琢磨中交會，穩定而有著節奏，石上的形狀，也在粉末如雪花般的灑落下成形，我的意識灌注在刀上，世界上只有一人、一刀、一石。

我小時總被各個老師投訴我沒有定性，每每在課堂中神遊太虛，不知所蹤，但我就是無法完全專注於上課內容，只覺得像霧裡看花，不清不楚地上課，媽媽也十分頭疼，我雖然也不想失神，但腦中只要閃現一絲細微的意念，就會探底深入，越陷越深，總要鐘聲撞入，才帶來一道清明。

1. 將人、事、時、地、物妥善安排就是一篇記敘抒情的好開頭了！不是嗎？
2. 雖然題目要求寫一件事，作者卻以一件實物來作爲開展依據，極佳的巧思。
3. 然後作者再將人與石（物品）的邂逅作爲伏筆，先說明自己個性上的缺點，搭起後段「因物所生的事」如何改變自己的一座橋，造成一種懸念感，這在抒情文中是可以嘗試的寫法，但注意，迂迴的表達法不建議用於論說類文體。

在一次美術課中，老師發給我們每人一塊印石，不過七公分長，但那石上的紋路如驚濤駭浪，如萬馬奔騰，著實令我著迷，我們的作業是把它雕出文字和圖案，當大家正凝神苦思，愁眉苦臉時，我的心已和印石連結，手已感覺到它最終的形貌，於是，這便是我和它的第一次相遇。

要解放出石中的形體是十分困難的，不知經過了多少的受傷和失誤才抓到訣竅，但我卻難得地定下心，沉默的和我的石頭以刻刀進行對談，在美術課中，我不再外放，而成爲鬧市中的內斂隱者，我神智如磐石般堅定，不受外物左右，收放自如，就像一種修行。最後，我完成了，完成了我心中的聖杯，它十分完美，使人讚嘆，全是我戰勝、發現自我的痕跡。

從那件事中，我發現了不一樣的自己，我似乎不再是浮躁的小毛頭，而再往上了一層，那次的作品，在我的桌前，每次看見，都使我想到那次的努力，帶給我穩定的力量向前，讓我得以再繼續發現自己尚未開發的另一面。

【綜合解析】

藉由一件物品（印石）來敘述自我潛能的開發，無意間發掘了自己的興趣。刻印，原本不是什麼驚天動地的事，但對於作者來說，那是自我發展的重要時刻，所以，強調這個自己完成的物品是一聖杯、勝利的勳章。末段再回到印石，將印石作為自我肯定的依據，前後呼應。不啻為以物抒情的佳作。

齊格飛教你一招

「活用戀物癖，善用小道具」

身邊的小道具可以引發出你對某個人、某件事的聯想與反應，而且顯得自然生動，也許是哥哥送的鋼筆、爺爺留下的釣竿、比賽的獎狀、壞掉的玩具、一張舊照片、有來歷的收藏品、桌上的小擺飾、身上的護身符……都可能成為致勝的關鍵，現在就找出一兩樣物品，練習寫出連帶的故事與感受，連綴成一篇動人的記敘抒情文。

(二・二)懷人有感

對某一個人懷想，或圍繞這個人爲主軸的抒情文。考試曾出現過「常常，想起那雙手」這樣的懷人抒情文，預試中也有「那個支持我的人」、「我想成爲那樣的人」等要你從生活中找出影響你的人，寫出關於他的事情，最重要的，寫出你與這個人的情感聯繫是什麼？

簡單地劃分，我們可以將對人感情分爲親情、友情和愛情，而產生或者懷念，或者感謝，或者哀傷，或者遺憾。國中這個階段，不會有師長期望你對於愛情有什麼感觸或經歷（大多認爲最好沒有），所以我們要準備的就是親情與友情的主題。

關於親情不外乎是長輩、兄弟姊妹，這時我們在描寫主角時，也可以加入一些配角，使得情節豐富多樣，譬如寫媽媽，也可以加入妹妹當配角來陪襯；寫奶奶時，加入爸爸、叔叔、同輩的親戚當配角來收紅花綠葉之效。例如：琦君寫的〈髻〉：

> 我就墊著矮凳替母親梳頭，梳那最簡單的鮑魚頭。我點起腳尖，從鏡子裡望著母親。她的臉容已不像在鄉下廚房裡忙來忙去時那麼豐潤亮麗了，她的眼睛停在鏡子裡，望著自己出神，不再是瞇縫眼兒的笑了。我手中捏著母親的頭髮一綹一綹地梳理，可是我已懂得，一把小小黃楊木梳，再也理不清母親心中的愁緒。因爲在走廊的那一邊，不時飄來父親和姨娘笑語聲。（節錄）

其中父親和姨娘就是重要的配角，重要的映襯。而寫到友情時也是一樣的道理，加入配角們的相處以襯托好友之間的特別。

題目：常常，我想起那雙手

審題

1. 本題要你先定位出一個人物，再聚焦到這個人的手所從事的動作。
2. 這是「懷人」式的抒情文，這個人所做的事情對你的影響很特殊，或者令你很感動，或者經常使你回味。
3. 注意，只能寫一雙手。
4. 針對這雙手，我們要寫出所代表的意義，從題目的說明中，提供了三個參考方向：親人的手、師長的手、陌生人的手，提示我們可以從生活中的不同面向去發掘你與這個人的對應。我們可以從幾個地方尋出這雙手的印象：

(1)與長輩的親情有關：如父母、祖父母等等。
(2)與同輩的親情有關：如兄弟姊妹，表親等等。
(3)與師長有關。
(4)與友情有關：曾經或現在的朋友、同學。
(5)與陌生人有關：藝術家、農夫、清道夫、乞討者、病人、求救者……。

鋪陳關於這雙手的故事，以一個大故事為主軸，行有餘力再補充一至兩個小故事。最重要的，必須寫出這雙手傳達的是什麼樣的情感，或使你有什麼樣的感悟，是親情的扶持？友情的支持？師長的引導？還是工作中的熱情堅持？不論何者都必須深入的剖析，並發表自己的感觸，解釋為何會「常常」想起，這雙手所代表的一定是你非常深刻的印象或影響，常常一想起就自動觸發這樣的感情回應。

常常，我想起那雙手

（6級分樣卷／心測中心）

「沙——沙——」每天每夜，在凌亂的工作桌上，有一雙手，辛勤地刻著。

父親的職業總是引起許多人的好奇心——有一個作畫家的爸爸該是多麼羅曼蒂克的事啊！多數人認爲，我們家必定有著巴洛克時期富麗堂皇的裝潢，登門造訪的，都是些文人墨客，或者，十天半月就要到音樂廳接受一番藝術的洗禮。然而，我們家只有「沙——沙沙——」的聲響，日日夜夜，都是「沙——沙——沙——」。

以一雙活動中、工作中的手揭開序幕，再以重複的狀聲詞強調父親的工作，整個情境都活起來了。第一個「畫面」成功傳遞！

父親是以版畫爲主業的藝術創作者。每當金屬製的畫具和鋼板、蝕版、木版、塑膠版相遇時，一派和諧的交響樂便開始演奏了。首先登場的是較粗的筆頭，他們像吹出第一樂章主旋律的單簧管，清楚分明地勾出輪廓。接著是粗細適中的圓頭兒繪具，他們像弦樂家族細說每首曲子般，用心地傳遞著每一幅畫的故事，使線條更加生動，讓精髓具體呈現。最後出場的是極細的針筆，他們像末段激起高潮的定音鼓，在畫中，他們扮演的是光影的魔術師，給灰暗的角落帶來恐懼和不安的氛圍；或者，給春光明媚的大地帶來生命和成長的喜悅。我眞不敢相信，父親活像是舞台上神氣的指揮家，以那雙富有想像的手，爲大家帶來視覺的饗宴。

使用各種譬喻如音樂、魔術師來形容父親的工作細節，繽紛排列，取信的同時也豐富了印象感。第二「畫面」華麗呈現！

父親是以版畫爲主業的藝術工作者。在寒冬寂靜的夜晚，他用那細瘦的手拿起畫筆和孤獨搏鬥；在溽著燠熱的午後，他用那雙滄桑的手拿起繪具向疲累掙扎。一筆一筆，他把青春的神采和飛逝的光陰刻了下去；一橫一豎，他把年少的健康和燦爛的夢想畫了上去。有多少天眞的幻想和陳舊的畫紙一起被收進了櫥櫃？有多少尚未實踐的旅程程不成熟的作品被一同棄置？常常，我想起那雙手，本該是向天空競逐的那雙手，卻只握住了皺紋，卻成了爲這個家付出的一雙手。

「沙——沙——」日日夜夜，在凌亂的工作桌上，有一雙手，辛勤地刻著。

【綜合解析】

1. 整體來說，本文的謀篇佈局相當漂亮，前後呼應，承轉有致。而實際上就是妥善經營三、四個「畫面」，加以細緻轉成文字，值得學習。
2. 作者的修辭功力相當高，迭有佳句，顯然經常練筆。這告訴我們多寫才能增強功力。
3. 末尾轉為收束在父親的辛勞，父親為家庭付出，向現實靠攏，告訴讀者這雙手給自己最大的感動。
4. 「狀聲詞」呼應第一段，整體畫面馬上又活動起來，而且飽藏內涵。非常成功。

(1) 練習寫一篇關於親人令你感動的事。

(2) 以下這篇寫哥哥迎接初生兒妹妹的短文，用詼諧筆調、誇張的對話，營造一種另類的歡迎氣氛，輕鬆有趣又真情流露。開頭使用了「變形金剛」法（譬喻）。

靜謐的午夜，出生沒多久的妹妹閃亮亮眼睛望著我，望著望著，不時笑起來，那麼純淨，那麼動心，有一些放肆，有一絲傻氣，像一頭不知所以喜歡我的小獸。

我愛抱著她，像是抱著一顆「奶黃包」，Q膨膨，暖呼呼，毫無戒備，充滿奶味。表情如夢幻泡影，多變而自在，橫生又直接，瞬息卻永存。招數何其多，招架何其不易。

爸媽帶著妹妹離開月子中心回家後，我才能好好端詳她。「你的毛會不會太多？頭髮比爸爸濃密是很好，可是和眉毛連在一起會不會太復古？耳朵上長毛是有一點狂野，但肩膀上長毛會不會太狂野？」我開始發謬論，媽媽用眼神殺我。

「你的鼻孔怎麼回事？護士阿姨說吸鼻器管子根本插不進去，真的不會太小？好像連螞蟻也爬不進去。」媽露出犬齒低嚎。

「你剛出現的時候，記得你還蠻白的，後來得黃膽症像一根螢光棒也就罷了，怎麼現在像是抱錯非洲的孩子？」媽的腳正在刨地。

「你身體這麼瘦，臉會不會反向操作，太膨脹了一點？」媽開始握拳，我不知道她要幹嘛。

「你的哭聲怎會這麼『嘹』人，明明在房間哭，對岸的國家主席也聽得見，難道這就是江湖中失傳的『獅吼功』嗎？那麼說，你打的就是『洪家鐵線拳』，踢的就是『十二路譚腿』囉，難怪這麼虎虎生風，武鬥派十足，可是你是女生耶。」媽轉身進廚房，該不會要拿什麼兵器吧？

「還好有雙眼皮，可是今天怎麼掉了一隻？」爸爸趕緊說：「有，我有幫她撿起來，先收在冰箱。」

歡迎你，爸媽相隔十幾年後的不小心，我可愛的小妹妹。

齊格飛教你一招

「小故事藏有大寶藏」

近來由於太常出現親人過世的情節於考試文章中，反而不容易突出，所以，除非有真實深刻的案例，最好在取材上小心不要落入窠臼。小故事也可以有大道理，小故事也可以產生大感動，小故事也可以給人大收穫。更可能因為反差極大，給人的印象更為深刻。針對大考，預先準備三到五個小故事，這些小故事最好是真實的、深刻的，而且可以鋪陳出關於自己的真摯情感或成長感悟，例如：

1. 與親戚長輩的相處：祖父母、父母或其他長輩如老師的相處小故事，一起出遊、工作、學習……等等有意思的共同回憶。
2. 與兄弟姊妹或同輩的相處。
3. 與同學朋友的互動：一起比賽、遊戲、做傻事甚至吵架等等。

4. 關於自己的挑戰、奇特經歷與成長。
5. 關於自己的遺憾與成長。

(二・三)觸景

借景抒情，藉自然景物和生活場景的描繪來抒發自己的感情。

考試沒有出現過這種題型，但我們練習觸景生情的寫作，可以強化出現在文章中的空間、季節、景物與節慶的情感抒發，使情與景能夠相互感應，提升文章的交融性。

天目山中筆記

徐志摩（節錄）

山中不定是清靜。廟宇在參天的大木中間藏著，早晚間有的是風，松有松聲，竹有竹韻，鳴的禽，叫的蟲子，閣上的大鐘，殿上的木魚，廟身的左邊右邊都安著接泉水的粗毛竹管，這就是天然的笙簫，時緩時急的參和著天空地上種種的鳴籟。靜是不靜的；但山中的聲響，不論是泥土裡的蚯蚓叫，或是轎夫們深夜裏「唱寶」的異調，自有一種各別處：它來得純粹，來得清亮，來得透澈，冰水似的沁入你的脾腑；正如你在泉水裏洗濯過後覺得清白些，這些山籟，雖則一樣是音響，也分明有洗淨的功能。

夜間這些清籟搖著你入夢，清早上你也從這些清籟的懷抱中甦醒。

山居是福，山上有樓更是修得來的。我們的樓窗開處是一片蓊蔥的林海；林海外更有雲海！日的光，月的光，星的光：全是你的。從這三尺方的窗户你接受自然的變幻；從這三尺方的窗户你散放你情感的變幻。自在；滿足。

齊格飛教你一招

「飛花落葉皆可感人，蟲蟻走獸皆可化人」

寓景描摹要細緻，對象要多，善用「譬喻」與「轉化」二法於景物中，而且不斷地用，不能只是摹寫，不然文章會失去可讀性。

過年

梁實秋

我小時候並不特別喜歡過年，除夕要守歲，不過十二點不能睡覺，這對於一個習於早睡的孩子是一種煎熬。前庭後院掛滿了燈籠，又是宮燈，又是紗燈，燭光輝煌，地上鋪了芝麻稭兒，踩上去咯咯吱吱響，這一切當然有趣，可是寒風凜冽，吹得小臉兒通紅，也就很不舒服。炕桌上呼盧喝雉，沒有孩子的份。壓歲錢不是白拿，要叩頭如搗蒜。大廳上供著祖先的影像，長輩指點曰：「這是你的曾祖父、曾祖母、高祖父、高祖母……」，雖然都是道貌岸然微露慈祥，我尚不能領略慎終追遠的意義。

齊格飛教你一招

「節慶人人在過，各有巧妙不同」

過年過節（中秋、端午、七夕等等）是人之常情常理，那麼就要寫出應景卻不隨俗的內容，也許著重發生意外的情節，或者突出「不一樣的過法」，或者強調自己別出心裁的感想。

台灣過中秋

爲什麼中秋節一定要烤肉？這是傳統節日的習俗？還是集體制約？難道是政府規定？每到中秋前夕，賣場的烤肉用具紛紛上架，大家忙著過中秋……「烤肉節」！這天前後家家戶戶門前烤肉，門後也烤肉，各公園景點也儼然成了烤肉場，還有地方政府瞎湊熱鬧添亂辦集體烤肉。烤一晚不夠，吃一攤不夠，總要烤得天翻地覆、人仰馬翻、遍地垃圾不可，搞得台灣宛如一煉獄（雞鴨豬牛的煉獄）。中秋團圓是習俗，「團圓烤肉」是怎麼變成全民運動？中秋不是應該吃月餅看月亮賞嫦娥嗎？我並不反對烤肉，但是現在大家認爲中秋烤肉去是「大勢所趨，人情難卻」，我卻以爲把一個原本有點秋涼詩意的節日，烤得面目全非了。

茶花與我

簡單一句，就是喜歡它的個性！

首段單句成段，直接點出所愛之處，即「嗨！就是我」法，模擬梁實秋的「我愛鳥」（〈鳥〉）。首段單行簡潔有力，有震撼力，但不建議用於說明議論文類，特別是大考時。

它，支幹不柔弱；葉子長綠油亮、厚而有稜、溫和有型。多肉植物的厚，那是肥。開花孕育期極長，從花芽、花苞、花開、花落，大概半年，平日照顧，肥要多不可少，又得淡不能濃，每天盯著花芽、花苞，盼它長，它仍緩慢走著它的調。這種角力很有趣。

對峙半年，總要有個結果，緩緩展開，盛開，片片落下，散盡，當然美，但它回應我的方式沒這麼制式、單一。當花苞好不容易才能長到聖女番茄那般大，罷工，整顆掉地，也有花開了一半，累了，瀟灑離枝……。當然也有別的花如此，但因爲茶花孕育極久，還完全無視我對它的辛苦拉拔，不盡展嬌顏就落下，它瀟灑，我放下……

先談談茶花的外型和生態，然後提到自己如何「養育」茶花，以一種期待而又不執著的心理，用上了「角力」、「對峙」等描寫，使人與花之間的互動顯得情韻有致而自然生動。這是很吸引人的敘述模式。

我也喜歡桂花，也喜歡含笑，那是另一種喜歡。茶花幾乎是每一朵花都可以陪我們大半年，我不知道還有什麼花可以如此？而且，茶花是顯花植物，大朵花本來就討喜，但它不香、不豔（牡丹就太豔！），那種低調奢華，更吸引我（不可否認，茶花比桂花看起來華貴得多！）。養花，爲我家帶來一種「平和」，無從解釋從哪裡來，反正是舒服的！養茶花，又在這舒服裡摻進一點不安定的因子，有趣多了！

我家那個西北座向的小小露台，冬不遮風、夏不避日。逢到冬天，茜，依時序乖乖落葉；沙漠玫瑰，不耐寒風細雨，凍傷徒留空枝；樹蘭不開花，含笑休眠以待春。只有我的茶花開著，傲啊！身在俗世，總得抖掉一點塵，用想像力把自己置入蘇大文豪會山茶「細雨無人我獨來」的場景裡，嗯……可以悠然很久。

陽光和煦、微風沁涼才是對成長期茶花友善的家。台灣的夏天很長，小露台午後的西曬，悶壞了它、折騰了我。每年入夏前，我們家會搬兩三盆馬拉巴栗擋在太陽對茶花的輻射線上，讓馬拉巴栗大大的掌葉爲茶花遮陽——一種有層次的和諧。

目前，這個小小花園豐富著我的想像。我夢想著，未來，擁有一個茶花與我都覺得舒適的小莊園，我們在裡頭優遊，也隨時歡迎著朋友到訪。（改寫自杜珊／金華國中）

【綜合解析】

1. 比較一下茶花與其他花種如桂花、牡丹的感覺，使文章顯得豐富，像是〈愛蓮說〉裡也是以菊花、牡丹來做陪襯。另外又描述家裡種茶花的角落是何種樣貌，一年四季又是如何對待茶花，最後，以自己的夢想為結，而這夢想中緊扣著茶花，於是，整體文章既多采多姿又充滿「人味」，這才是「我」與茶花這個主題呈現的最佳方式！

2. 整體來說，文字優雅洗鍊，文學性很強。句子短而少贅字，值得我們練習效法。但要注意，考試時儘量避免以括號（）作補充說明的寫法。

3. 通篇沒有說一「愛」字，卻以「亦敵亦友」、「弱水三千」、「視花如親人小孩」等的轉化手法把對茶花的愛表露無遺！

當一天的老師

（6級分樣卷／心測中心）

夏日午後，教室內的空氣分子彷彿也炙熱而鼓噪了起來，驀地，一道金黃的陽光透過玻璃窗，灑落了一地的熱情與狂野，我凝視著光芒中微微翻滾的塵粒，思緒，不禁也隨之款擺、飛揚……

想像，自己當一天的老師。我會帶領心愛的學子們走出教室，投向大自然的懷抱，讓疊嶂的重巒教導孩子們何謂廣袤；讓縹緲的白雲教導孩子們何謂溫柔；讓青翠的小草教導孩子們何謂挺拔與堅毅；讓嬌嫩絢爛的花朵教導孩子們何謂新生的狂喜！大自然，是孕育萬物的母親，每一片樹葉的脈絡、每一顆石頭的紋理、每一種動物的生氣和體熱，是我們的母語。我想讓學生們在自然中找到自己最拙樸未雕的自我，還有，最初、最深刻的感動。

想像，自己當一天的老師。我想教莘莘學子們的不是數學公式，不是化學定理，而是這世間最美的語言——愛。我想，我會向孩子們分享《牧羊少年奇幻之旅》一書中的句子：「愛，使我們有能力找到世間的每一處寶藏。」我會帶領他們探訪大文豪泰戈爾的哲思：「大世界啊，我死後，請在你的緘默中，爲我留下一句話——我曾經愛過。」不論是父母每日無微不至的呵護、朋友之間的相互鼓勵和扶持、拱著背勤奮潔淨街道容顏的清道夫……那豈不都是這世間，最美的浮世繪？我想，我會把愛灌注在教學中，告訴孩子們以愛和感恩的眼光重新審視身邊所有平凡中的「不平凡」，那麼，他們的心靈也將滿溢著幸福與滿足。想想，這是多麼令人雀躍的一件事！

假如，我當一天的老師，我想教導孩子大自然所賦予我們的感動的能力；我想告訴孩子愛的曼妙與扣人心弦；我想讓孩子看到書本的白紙黑字外的無限！假如，我當一天的老師……

【綜合解析】

1. 這是屬於想像式的抒情文，不是要求你描述實際發生的事情，而是要你代入一個沒有扮演過的角色，什麼科目的老師都可以，想像可能發生或處理什麼樣的事情。
2. 注意：不論如何想像，陽光正面的寫法是絕佳的標準。
3. 不必想像成多麼偉大的教授、科學家或精神領袖，可以在你曾有的學校生活中尋找一個借鏡的對象，例如：像我國小六年級時那位老師一般……。
4. 更重要的是，對象的互動與回饋，在本題中，與學生的如何相處，如何啓發他們，是一個重點。

齊格飛教你一招

「借別人的嘴說話，借花獻佛」

記下兩三本書中的句子或者兩三句名人的話語（最好不要太普遍），感性的一句、說理的一句、關於人類世界的一句，以備於適當的題型中運用。

告別

家人終於決定替臥病三年的父親辦一場水懺法會，據說能離苦得樂，解冤釋劫。開始唸唱第一段經文開始，梵音響起我的熱淚如水龍頭打開滾滾落下。以爲應該心靜無波，視這場法事如儀，卻莫名感到很心酸。那是你和一個人牽連很深，感情被觸動時的軟弱，我覺得我們像是在同艘船上擺盪的人，你知道你們之間的關係會在記憶中一直延續下去。

人們總是有所惑。有所求，故有所感。而因果是最無破綻的學說，我們服膺在它的計劃下。爸爸第一次中風後，還能自己吃喝、能運動，但傷到語言中樞，詞不達意，讓他懊惱、自卑，第二次中風躺下，不曾再與外界互動，這三年他的三百六十五天都在同一張病床上。

慢性病醫院是另一個世界，四季冰涼，消毒藥水和藥味，混湊成日夜播放的脆弱慢版。無常在這裡，如爵士的隨意，古典的耐人尋味。蜷曲病床上的每一具肉身，如被遺棄人世的木乃伊。他們多數氣切，靠呼吸器呼吸、曬著陽光、被翻身、鼻胃管餵食、無意識地洗澡。

一開始我很不懂爲什麼這裡有三十九歲中風的男子，有二十幾歲從未起身的男孩，有疼妻子如命的退役軍人，卻一夜倒地，腦幹壞死。軍人不曾起身回應妻子的聞問，她常在軍人耳邊細語：「如果你愛我，就眨一下眼睛。」耐心地替他擦臉、洗澡、按摩每一寸肌肉。我無比地驚嘆，五十歲的婦人，仍熱熱戀戀六十幾歲的丈夫。

我想，多數人都渴望快樂再更快樂，像蒐集一套7-11的hello kitty磁鐵，進階版的誘惑和食髓知味。但無常如影隨形，開玩笑的惡作劇顛覆你的掌握，它像一陣風，任性掃掠，誰是鋒面下的殘枝枯葉，任憑天意。我們只能接受無常，戴著如常面具存在。

探視長期住院的爸爸，看著他已比我體重還輕的身體，我常會想到過往。幾年來，他每天早上替家人買回早餐，然後坐在客廳和中風後的頭痛共處，以絕望的眼神凝望虛空，有時他會喃喃「很想去死」，但他對生還是有很強的眷戀。他按時吃藥，比誰都認眞遵照食物膽固醇表的飲食準則，但腦血管壁的栓塞仍日夜進行，直到幾年後某夜他起身如廁，全身僵硬，無常又以如常的方式征服了他。

爸爸不曾用語言傳達對孩子的愛，但我們都受惠他的行動。他都常私底下大方地給我們幾千塊的零用錢，在同學間我是金錢寬裕的。

爸走後，大姊才跟我提起，那年她想出國讀書，有天爸爸把她叫到房間，拿出行李袋，將底層的塑膠板拿起，底下鋪了細綁厚厚一層又一層的千元紙鈔，爸爸對他說：「這些錢都不能用了，怎麼辦？」大姊告訴他還是可拿去銀行換新版的紙幣。爸對她說：「爸爸沒有多少錢可以留給你的，這幾萬你拿去。」

我聽後，眼淚嘩啦嘩啦掉下來。

傳聞久病之人，藉由水懺經文祝禱，得以消冤親債主，我信仰著仁慈，在跪叩中，求爸爸「離苦得樂、解冤釋劫」。

【綜合解析】

採直接破題，從唸經的當下開始回憶，回憶起與父親的相處，情感真摯動人。倒敘與插敘並用，卻不雜亂，反而使一個個小故事顆粒般立體，加上溫暖的對話，最後將期望嵌入經文，又呼應回首段場景，恰如一個圓滿。

閒情，有得

你曾經在大自然面前，體會到自己的渺小嗎？你可曾經在大自然面前，發自內心的動容？我很幸運，因為父親是荒野協會的會員，從小我常跟著父親走向大自然，在戶外閒情中，探索、觀察、體驗、反思、有得……。

媽媽給我看過許多我年幼的照片，其中有爸爸揹著出生六個月大的我爬山的照片，我戴著太陽眼鏡，安靜地在爸爸背上。我們在大屯山上蔚然天空、蔥鬱青山前留影，雖然我的記憶無法回溯，但小小年紀的我就開始爬山喔！

記得從我幼稚園起到國中，這十年來，假日全家時常開車往山上海邊去，爸媽都非常喜歡閱讀，常常他們各自帶著書，也帶我的故事書出門，到了山上海邊，爸爸把野餐墊鋪好，架起簡易的遮陽棚，媽媽拿出野餐的三明治或飯糰，保溫杯泡好的茶或冰涼果汁，我們在陽光微風下，各自躺著看自己喜歡的書，耳邊有風聲、鳥鳴、水聲……那是我記憶中無數不同景點但類似的畫面。

陶淵明寫道：「少學琴書，偶愛閒靜，開卷有得，便欣然忘食。見樹木交蔭，時鳥變聲，亦復歡然有喜。」我非常喜歡，因爲那是我從小熟悉的生活樣貌。我們去烏來深山賞蛙、去尖石觀霧、去台東看海、去花蓮溯溪、去墾丁露營、去白沙灣逐浪。十二歲時和父親一起參加荒野協會舉辦「婆羅洲熱帶雨林的奇幻世界探險」，那是地球上生物最豐富的生態，我永生深刻難忘。

爸爸常告訴我，只要走進荒野，無論誰都可以體驗大樹蒼翠、鳥語花香的生機勃勃；遁入山中，無論誰可以領略到巍峨青山、奇石傲然的壯美；踏足溪流河川，無論誰可以分享到小河低唱、溪水沁涼的樂趣。大自然就是無私給我們開闊、清新、平靜的感悟，還有與自我對話的寧靜。我深愛大自然，因爲它帶給我脫塵的洗禮。

自然的洗禮，可以神奇地消除人們的勾心鬥角、猜疑算計等文明病。當心情煩悶、壓力緊繃，只要走進自然，自然而然不知不覺就被療癒，心會更柔軟謙遜，完全敞開胸懷，還原樸實眞我。

我感受良多，唯有在大自然中，靜下心，感悟它那微弱而堅強美麗的精神，感悟永恆大自然的美，蘊藏在一顆小水滴，在一片樹葉，在一朵花，在一株小草，在每一塊表情迥異的石頭。大自然的美，四季遞嬗不同表情，那是盎然無比的生命力。大自然無私地不分富貴貧賤接納每一個走向它的人，並慷慨回報無價的禮物，希望你和我一樣時時領受幸福的餽贈。

【綜合解析】

1. 通篇描寫與大自然的相處，也把與父母的親情滲透進來，全家的「大自然閱讀」活動培養起強烈的觀察力與感受力，並將這些都在字字句句中散發出來，把握住主題「間，得」。
2. 首段末段引第二人稱，能使讀者有參與感，但我們練習寫作時，要注意不可通篇使用第二人稱，並要避免出現教訓意味。

漂流木的獨白

（九九年學測優秀範文／大考中心）

我是頂天立地守護，千年的執著扎根於此；我是一柱擎天，千年的睥睨群倫矗立於此。山坡是我的眠床，白雲是我的依偎，土地是我的愛戀。從一顆隨風而飄的種子長成今天壯碩雄偉的我，一圈一圈暈在肉體的輪廓記載我的每一個春夏秋冬。我是和大家在林子裡遊戲的，快活而自在著……。直到那一天，風雨交加，似有隻巨大的野獸蜷伏著，伺機而動，不一會兒，射下千萬隻傲人的冷箭。我和大家手勾著手，使勁地將腳往地下伸，咬著牙，瑟縮成一團，無奈迎面的風雨依然刀下不留情，一刀正中我的腰際。

不知道怎了，腰是微微疼著，身是輕輕浮著。回首家園，那是我曾經美麗的眠床嗎？上看曾依偎的白雲，怎麼如此面目猙獰？記得以前聽過老樹們的傳說，說風雨來的時候，委低身子，大家靠在一起就可以度過了。可是今天怎麼是如此田地？是我不夠虔誠？還是人類太貪心？前陣子掰去山坡的腳踝，前年挖掉山坡的毛髮，大前年剝去山坡的外衣。難怪呀難怪！鳥兒都不再來歌唱，蟲兒不再來探訪。我的家園必須年年遷徙，向內向內再向內移，我都快無立足之地了！

半身浸在水中，我想起那些往事。我怨恨、憤慨，但卻無能爲力。我知道我從山坡上滾下來時，壓到好幾戶人家，碾過好幾片沃田。但，親愛的人類，我很抱歉也很憤怒。大自然明明是環環相扣，號爲萬物之靈的你們卻藐視這些信條，今天我們一起付出代價了，我沒能守護家園，但，親愛的人類，是你們的予取予求使我失職。心灰意冷了，這樣的姿勢、罪惡還要承受多久？這時我聽見有人來了，是來救我的嗎？怎麼微微聽他們口中說出：「林務局的……漂流木……可以拿去賣錢……。」

我自認是安土重遷的。想念以前的美好呀！如今我名副其實地改爲一棵沒有年輪的樹，再也無法計數，計數離家的時間和方向。我，不再是頂天立地，只是卑躬屈膝，不再是睥睨群倫，只是苟延殘喘，因爲，我只是一株躺在海邊，手無寸鐵的漂流木。

【綜合解析】

這是大學學測的範文，當年很多考生沒有好好審題，沒有把握題旨，不會使用第一人稱抒情的寫法，導致分數難看。而如這篇範文將自己代入漂流木，回頭控訴人類，其實就是很好的體裁，然後喃喃自語，娓娓道來，最後呼應首段。針對這個題目的用意，如此行文恰如其分。

一個角落

小時候父親的抽屜是神祕的所在，那是木頭書桌一個沒有上鎖的抽屜。幼稚園時，我常趁沒有人時打開看一看，又緊張得關起來怕被發現。抽屜裡算盤、計算機、迴紋針盒……整整齊齊地擺著，裡頭有一個很厚泛舊的牛皮紙袋，胖鼓鼓的紙袋對摺。

我記得，我曾經在父親不在家的時候，打開研究過很久，袋子裡收納的是被保存很整齊的稅單資料，其中有一疊很厚的黑白照片，我曾充滿興致地一一看過，裡頭很多父親出遊的照片，那是他年輕瀟灑時青春的回憶。那是個我很陌生的父親，濃眉大眼的五官，穿著筆挺黑西裝，媽媽說因爲父親年輕曾學做西服裁縫，大家都叫他綽號「高標」，那是代表黑西裝的意思。記得小時候我看照片裡很多我不認識的女人，有微微的神祕緊張在我的窺看裡，心裡狐疑她們到底是誰，小小的年紀是不善問的，我仔細尋找裡頭媽媽的身影，看到了倍感安心。長大才懂，自己珍藏的青春影像，有我想遺忘的人，想記住的人。

父親的抽屜，在我幼年時覺得很神祕。後來則不然，上了中學，我開開關關那個抽屜，都是早上出門趕公車急忙忙的一瞬。那些年父親會留下我們兄妹早餐、午餐的吃飯錢，他會分成二份，讓我們自己去拿。

父親是舊式權威的代表，我們看到他總是嚴肅的，而他的抽屜是父親對孩子責任的愛，他每天出門工作前，留下錢給我們買吃喝，我印象中他從沒有忘記過一次。一直迷糊善忘的我，突然覺得這是了不起的責任，這個角落藏著一份牽掛的心。

我偶爾會趁沒人時去坐在父親的書桌，打開那個抽屜，看一遍我熟悉的安放，我想起幼年時緊張的心情，對照現在體會父愛的心境。如果哪天不巧父親看見我翻閱他的照片，我會吐舌頭對他微笑！

【綜合解析】

這是以物抒情的題材，先描述物理上的特性與內容，再藉著抽屜抽絲般地談著父愛，抽屜如何肩負著父愛的傳遞工作，這即是倚物傳情。

一個人，發現

我總是一個人踅來這裡，慢慢地走，然後找個河堤上的位子坐下，聽聽山色的翠鈴，掬一把小溪的潺潺，舔一舔空氣中的花草舒息。生活中放縱我的片段小時光，我愛在這裡輕踱，一個人輕輕珍惜自己給自己的安慰，只因爲曾經在這裡，我生命中的霹靂，奇蹟般地轉小聲了。那霹靂是可怕的兩個字：離婚。

爲什麼人可以輕易在一起，卻也可以輕易分離？經歷了那麼許多，眞能當作什麼都沒有？兩年前，父母親不斷的爭吵突然像被關上了水龍頭，不說一聲就閉幕，冷戰接著上演，又終於迎來了下檔期限一般，離婚被正式端上桌。雖然好一段時間以來，離婚像個老朋友不時來按我家門鈴，但是當那一天它盛裝來勾魂的時刻，依然驚心動魄！

我摀著臉從家裡奔出，漫無目的前進，腦中轟隆轟隆彷彿大戰正酣，我不能接受，不能接受這個非接受不可、而且已然是事實的悲傷！不知走了多久，疲累的雙腳帶我坐下，雙手抱著頭蓋住耳朵，我不希望聽見自己的嗚咽，即使知道我的嗚咽一定全世界都聽見，不然爲什麼全世界都關上了燈變這麼黑？不然爲什麼父母互相砍斫的話語、互相憎恨的眼神、無言的指責會一直在我眼前輪播？不然爲什麼沒有一個人聽見我心中的求救？

不知過了多久，當父親慍怒又愧疚的表情、母親不甘而無奈的神色終於逐漸淡出我眼簾之際。抬起頭，堤上的我像是被錯置在懸崖邊，模糊的鏡頭前是一片開闊，遠處的山宛如從亙古來就在那裡嘲笑著我，堤下的水卻似乎從來不知我的存在，而天上的白雲和風動的樹影，還有離枝枯瘦的落葉，這一刻翩翩然，靜止。

這時掀蓋的耳畔回響起祖母的話：「他們離婚，不是你的錯。你永遠是他們的孩子。」

每週末回父親家時，我常來堤上漫蕩，一個人。那時不認識的樹，深秋抖盡葉屍，春來吐出酡紅生嫩，原來是菩提，哈！菩提下頓悟是我？我不敢作如是想，只是我漸漸發現，接受事實，也就是接納了世界，那麼，未來才是可以期許的未來。

【綜合解析】

1. 本篇抒情文雖然主題是父母離婚悲劇，卻經營出那種一個人痛苦，而不願承擔痛苦，之後接受而走出陰霾的情境；有情緒、有心境、有環境、有樹有風有山有水；還經營出暗室中有了祖母的數句話（引用），恍如一燈如豆，終至滿室皆明的感覺。
2. 開頭用了「變形金剛法」法（轉化），而且定調了整篇抒情文的味道。
3. 從震撼、拒絕接受到發出疑惑，迎來一個重要轉折，那是情緒激烈後的放空和環境起了共鳴，所以才有動變靜的感覺。
4. 「轉折」是這類題型最重要的關鍵，而這樣的轉折要有所鋪陳，前三段都是在做這個鋪陳。轉折之後，提出發現，也就是一種領悟、一種心情轉變成果，放棄指責、不甘接受的情結。
5. 最後，「陽光而正面」的好寶寶結尾，強調值得期許的未來。
6. 本篇文字洗鍊，善用多種修辭如轉化、譬喻、設問、排比等等，我們可以仿效。

第5回

談想法的「論說文」

從往例來說，考試出現論說文的比例並不算高，但是第一次的會考卻出現「面對未來，我該具備的能力」這樣的題目，以後是不是會依循這種論說文出題方向，我們無法得知，但預做準備總是必要的。以這個題目來說，要發揮得好並不容易，所幸從求學過程中取材，我們也不至於沒有內容可寫，只是在題材上可能不太容易突出，所以，論述、舉證甚至文辭的流暢性就顯得非常關鍵。

此外，學習論說文的寫作，對於往後大學考試非常重要，還是早點打好基礎吧。

一、什麼是論說文

論說文就是「談想法」，也是「講道理」，針對主題，從正面、反面及各種角度觀點，加以分析、說明，並輔以相關的證例，使自己的論點得到解釋與支持的文章。

二、如何寫論說文

1. 要布局清楚，結構嚴謹

(1)引言：說明題旨，本論：推演論述，結論：強調呼籲。

(2)是什麼→爲什麼（正反論證）→如何做→呼應。

齊格飛教你一招

「先君子後小人，先吃糖果再打屁股」

論說文建議先正後反，先說明如果這樣做會有什麼好處，再以反面說明如果不這樣做，會有什麼壞處。例如「論謙虛」：第二段說明謙受益，加以舉證；第三段指出滿招損，舉證。

(3)分合法：雙軌題先分別說明各自的重要以及兩者的關聯，最後歸結兩者，不可有所偏頗。

2. 論理要清楚明白，要有自己的主張

論說文最重要的是論點清晰，邏輯分明，文辭不必要求華美，但要「說清楚，講明白」，寧願理勝於辭，也不能空洞，不知所云。

3. 例證要得當，相輔相成

論說文不能光論，口說無憑；也不能光舉例子，會鬆散無力，必須論例兼備，才是佳作。那麼有哪些東西可以當作論據？一般來說有：

言例：名言佳句、俗語諺語，或是聽過身邊的人說過相關話語。

事例：自身或周遭的例子，或是相關時事。

史例：歷史上的事件，如：懸梁刺骨、鑿壁借光、三顧茅廬等等。

設例：自行假設一種狀況，加以發揮，例如：假設遇到需要幫助的人，我會如何如何……。

注意，論據必須有力而充分，與你的論點之間必須存在合理的邏輯關係；並且最好多舉幾個例子，因為「孤例乏證」。

4. 寫得緊，寫得多

「緊」就是文辭要洗鍊，節奏要緊湊；「多」就是內容要豐富，正反論述舉證要繁複。

5. 放入自己的材料

文章沒有材料不可能充實，任何事物包括自己的例子都可以是作文的素材，所以平時的「觀察、閱讀」很重要。

6. 善用修辭法

善用修辭讓文章更加優美；時而含蓄，時而誇張，時而詰問反覆，都可增加文章的可看性，不要以為論說文就不須修辭。

齊格飛教你一招

「學荀子，博喻加排比」

「在天者莫明於日月，在地者莫明於水火，在物者莫明於珠玉，在人者莫明於禮義。」（《荀子．天論》）看到沒？多寫幾個譬喻，從大到小排列起來，氣勢出來了，文學底蘊也出來了。

然後再加以闡揚：「故日月不高，則光暉不赫；水火不積，則暉潤不博；珠玉不睹乎外，則王公不以為寶；禮義不加於國家，則功名不白。」補充喻解同時衍申論點（解釋前述的譬喻，加以發揚論點）。

善加活用這方法，內容自然豐富有韻味。

三、類型：通常可以分為說明類、評議類和雙軌類

(一)說明類

題目本身需要加以解釋說明，說明「是什麼、為什麼」，再加以引伸發展，重點是在明白說理，傳達清楚的概念。

題目：面對未來，我應該具備的能力（第一次會考）

審題

1. 本題要你先舉出一種或數種能力，這能力有助於你面對未來，特別是未來的挑戰。
2. 注意，雖說在說明（參照第一回）中出現「最」應該，但並沒有限於一種能力，換言之，寫一至三種都是可以的，尤其當你認為只寫一種無法有足夠的篇幅時，可以多寫一兩種，但不可超過三種，不然文章會過於鬆散。
3. 這是「說明」式的論說文，首先必須說明所舉能力的意義為何，你對這能力的確實定義必須符合普遍的認知和邏輯，最好又能提出卓越見解。然後闡揚這能力的重要性，可能在於社會化的需

要，或是求學過程的必備，或者是你本身所缺乏，不論何者，都要強調重要性。

4. 如何增進或培養這能力是文章的重點，必須提出方法、途徑。

5. 針對這能力，從題目的說明中，提供了四個參考方向：專業能力、觀察理解能力、包容力和溝通能力，因此，我們可以大略分為以下幾個方向：

(1)與競爭有關：外語、繪畫、電腦程式等技能。

(2)與社會關懷有關：同情、分享、奉獻、包容、體諒等等。

(3)與生活環境有關：品味、觀察、發現、守護大自然等等。

(4)與團體互動有關：溝通、協商、領導、合作等等。

6. 首先說明這項能力是什麼，你如何看待或定義，這項能力如何表現，主要表現在什麼地方。再闡述為什麼你想具備這項能力，是因為升學或社會需要，還是你本身欠缺。接著，強調有這項能力的好處，相反地，如果缺乏這項能力，會有什麼缺點和壞處。最後期勉自己可以好好培養這項能力，期待這項能力可以幫助你乘風破浪。

面對未來，我應該具備的能力

（6級分樣卷／心測中心）

「想像力是你的超能力」，這是大家都耳熟能詳的廣告臺詞，是的，擁有了想像力，盡情揮灑那七彩的想像，豐富人生，懷著一顆赤子之心，點綴屬於我的那片蔚芎，想像力帶我飛翔，劃破世俗的氤氳，以滿懷想像力的角度眺望世界，我看見了不同凡響的勻稱美；聽見了那點點雨滴譜出的交響樂；嗅到了那綻放在幽谷的芬芳，在世人眼中的平凡事物，我用想像力將它昇華成鑴刻奧妙的寶石。

想像力是我此刻缺乏的，被課業的巨輪推磨，想像力逐漸式微，那一滴晨露的美，那一隅角落蘊藏的眞理，我都看不見，無法去想像它能蛻變成什麼，那份童年寄託在畫紙的想像力，黯然無光，被世俗的迷霧給團團罩住；被壓力交織成的巨牆給囚困在桎梏；被這路上的坎坷給震懾得殘破在地，整個人渾渾噩噩地航向那看不見光彩的未來，倏地！猛然踩到一張淡黃的圖畫紙，正以爲是那徘徊在桌上的考卷時，拾起一看，我瞥見了光彩，那是變化萬千的想像力啊！想像力啊，頓時不經意地被自己重新輸入腦中，整個人脫胎換骨似地輕飄飄，壓力不再，眼簾浮漾著光彩，一抹笑靨懸在心弦上。

處在這競爭的世界裡，論認眞，大家無不挑燈夜戰，論努力，大家無不兢兢業業，想脫穎而出，要憑想像力！若能比別人多想出新穎的點子，你就能成功，在大家絞盡腦汁、毫無頭緒之際，及時靈感乍現，你就能成功，比別人先踏出一步，想像力是無價之寶，揮舞它彷彿展開翅膀，越過重山峻嶺，早一步先望見明日的曙光。

面對未來，我懷著兒時的藍圖，同時也攜著童年的想像力，我不怕一路上的風吹雨打，我只怕我失去了想像力，想像力是我的超能力，引領我邁向未來，看見這世界的眞善美，迎接未來的曙光！

【綜合解析】

1. 借用一句廣告詞，使自己的論點更生動，即是一種「是他說的」法開頭。
2. 本文結構清晰，以抒懷筆法取代論理，行雲流水，善用修辭技巧使得文章具有可讀性。
3. 最後扣回第一段主題，並自我期勉，擁有想像力來面對未來。
4. 如果可以添進一些例子如：人類因萊特兄弟向天空兌現了想像力，才能暢意遨遊天際；現代社會多虧賈伯斯揮灑了想像力，才「滑」出更多光輝色彩。或者舉幾個有創意的媒體廣告呼應首段的廣告詞，也會使得文章更有說服力。

💡齊格飛教你一招

「例子好好用，一例多用」

平時多準備幾個名人的名言或例證，最好是能夠一人多用的，如：林肯的例子可用為百折不撓、有遠見、擅長溝通、突破時代等；馬克吐溫則是有創意、童心未泯、幽默的代表；蘇東坡兼具才華洋溢、豪放不羈、苦中尋樂與強韌生命力的特質。

面對未來，我應該具備的能力

（6級分樣卷／心測中心）

語言，是人與人交流的基石；而溝通，就是和他人建立良好的關係的橋樑。溝通連接了複雜的人際網絡；溝通使社會更加和諧穩定；溝通讓人的生命中加入了奇異元素，使之更加美好。

當今這個瞬息萬變的世界中，充實學識與工作能力固然重要，然而「與人良好溝通」才是最必須擁有的能力。或許擁有最佳的製造技術，但缺乏與人溝通便無法招攬客源；或許擁有最認眞的工作態度，但無法和上司和諧溝通相處也是枉然。藉由「溝通」，我們能化解歧見，和同伴們一起打拼，開創美好未來；藉由「溝通」，我們能改正錯誤，參考他人意見，提升自已至更高境界。

倘若沒有「和他人良好溝通的能力」呢？

作爲上司，你無法和部屬共同協商公司未來的展望，下屬也無法盡心盡力地無法爲公司效命，那麼盡失民心的情況下，企業岌岌可危。作爲部屬，即便有最佳能力、最努力的態度，沒有與人溝通能力不僅無法獲得主管賞識，也會飽受同事間的排擠。而我們身爲學生，若沒有提前具備和人溝通的能力，將來進入社會、邁入職場，就無法在這個競爭激烈的世界生存。

培養良好的溝通能力應從現在開始，無論與同儕相處、和師長交談都能有助於溝通能力的提升。用謙和的態度包容異議、用博愛的角度對待各種人物、用婉轉的言語推辭別人、用廣闊的視野接納不同聲音……，這些都是良好溝通的表現。面對未來可能遇到的種種困難必須借助他人之力，拿出最友善、最誠懇的態度以及優秀的溝通能力，必能和夥伴們共執寶劍，斬盡人生的荊棘！

未來是由無數的不確定與險阻構成，掌握世界脈動，擁有不可或缺的能力便是在芸芸眾生中脫穎而出的不二法門。和他人良善和諧相處和溝通，能將在人生路上的困難化作美好而飽滿的果實，能將眾人不同的意見匯集成邁向成功的助力，使自己更朝光明未來邁進。良好溝通，確確實實是我面對未來應該具備的能力！

【綜合解析】

1. 先簡單定義溝通，再強調溝通在現代社會的重要性與好處。

2. 第三段以設問法由反面論述缺乏溝通的壞處，並舉出例證，然後下段談如何培養，舉出好的溝通方式為何，非常實際，面面俱到。

3. 末段回歸主題，面對未來挑戰，突出溝通最為重要。

4. 本文結構完整，例證平實。如果可以舉一些知名的溝通例子，如：羅斯福的爐邊夜話、林肯的蓋茲堡演說、毛遂自薦等等，將會更加精彩有力。

齊格飛教你一招

「有頭有尾，頭也是尾」

在結論的地方（段首或段末皆可）重複主題，甚至將題目重述一遍，可以收到緊扣主題的效果，即使時間再怎麼不充足，重申題目不僅有必要，而且能幫助我們簡明收束。

題目：當我和別人意見不同的時候

審題

1. 「意見不同」表示出現歧異、爭端、衝突、人際不合的狀況，但要注意，「意見」通常指的是彼此對事物的看法，不是對人的批評或偏見，所以要以對「事件」的彼此看法不同著手。

2. 這是什麼樣的狀況，說明（見第一回）中舉出如：課本知識、班會提案、美味標準。當然我們還有其他的題材，例如：比賽的準備方向、打掃的細節、出遊的目的地、晚餐的選擇等等。

3. 針對這一個時刻，可有兩種寫法，著重自身經驗或適合於一般人的普遍現象與反應。不論是記述一件曾發生過的事或舉各種設例，都應該加以評析、論述，不能只是記敘或抒情。

4. 必須舉出面對意見不同時所要提出的解決方式。說明中提供幾個途徑：積極自辯、尋求共識和離開現場。我們也可以提出如：積極溝通、尋找相同案例、找師長協助仲裁、換個溝通方式、另擇目標等確實有幫助的方式，舉數個古今中外成功溝通的例子來佐證。

5. 結論則期勉經由你舉出的解決方式，使這樣意見不同的時刻獲得完滿解決。

當我和別人意見不同的時候

（6級分樣卷／心測中心）

站在同一扇窗前，透過不同的角度，每個人所看到的風景也各有風韻，或許是琉璃似的陽光流淌過大片金黃的麥田；或許是彩蝶翩躚於繽紛的花海；又或者，是成群的海鷗滑翔過波光璀璨的蔚藍大海……。正如同一件事情，每個人都有不同的觀點。

我們無法保證，對於同一件事情，每個人的觀點都一致，也無法明確斷定一件事的是非對錯，因為在不同的立場，對事物的看法也會有所不同，當我和他人意見不同時，又該如何是好呢？是堅持己見、據理力爭？抑或是附和他人，隨波逐流呢？我的答案是……兩者皆非。我認為提出己見、傾聽他人、尋求共識才是最佳的解決之道。

第一：提出己見。明確而有條不紊地說出自己的想法是很重要的，你不說，沒有人會知道你的想法是什麼，反而使自己失去表達的機會。提出個人觀點並佐以事例舉證，言談中避免摻入過多個人情緒或負面批評，語氣溫和，不卑不亢，才能吸引他人專注傾聽，了解自己的看法。

第二：傾聽他人。安靜的傾聽他人的意見，尊重他人的想法，不要任意打岔或猛烈抨擊，細細思索他的論點與觀念。誠如伏爾泰所說的：「我不認同你的觀點，但我堅持你有說話的權利。」即便與對方立場不同，也要尊重對方，惡意反駁只會兩敗俱傷。

第三：尋求共識。雙方互相了解想法之後，以溫和冷靜的態度溝通，尋求平衡點以達成共識。如同天平一般，試著讓天平達到平衡，雙方各退一步便會海闊天空；又或者像調色盤一樣，將雙方意見融合，達成共識，將兩種不同的顏色，調和出最美麗的色彩。相信經過溝通協調，我們必定能找到最滿意的答案。

當我和別人意見不同時，尊重與溝通是我的最佳選擇，換個角度想一想，與對方達成共識，互相包容，我們會發現，窗外的風景會染上更繽紛綺麗的色彩！

【綜合解析】

1. 本文結構完整，說理清楚，環環相扣，文辭優美，值得學習。
2. 排比的手法提出人們的角度、觀點繁多各異，首段先鋪陳意見不同的基本原因。

3. 先舉其他人可能處理衝突的方式，然後說自己的方式不同而且最好。
4. 條列方式逐項說明，清楚分明，而且有合適的言例、譬喻。
5. 最後總結所提出的方法並加以肯定。

體諒別人的辛勞

（6級分樣卷／心測中心）

謝謝！感恩！祝福你！這些話你一天之中說了幾次？我想，一天說十幾次應該不嫌多吧？早餐店的阿姨，每天七早八早就爬起來，爲大家製作美味好吃的早餐；勤勞的郵差，上山下海地爲我們把信送；老師們也全都費盡心思，想把最好的教給我們；交通警察，爲了大家的安全，獨自站在危險車多的十字路；媽媽每天煮出滿滿一桌的好菜，等著我們回家；還有那放學時都會碰到的導護媽媽，不管烈日還是颳風下雨，都可以見到她笑吟吟地護送我們過馬路……看吧！有好多好多的人們默默地爲我們付出，一天十幾聲感謝，怎麼夠用？

在我認爲，當心中有愛、有溫暖、有感謝時，一定要把它傳達給對方知道，因爲這是一件好事，而且對方也會很高興的！像在我家，吃晚飯前要做的不是禱告，而是全家人面對面，說出心裡的感恩，感謝家人的關懷；吃晚飯是我家的「感恩時」，還有還有，每天放學時，我都會在十字路口多等一個紅綠燈，留在那裡，陪導護媽媽聊天，以表示我的謝意，她每天一個人站在那裡，想必是挺無聊的，多等一個紅綠燈，是我唯一能爲她做的；帶一個笑話或一個故事給她，再看著她臉上堆滿的笑容，我的心情就特別特別好！

別人的付出，值得我們無限感謝，若是不能盡如你意，是不是回頭想想，該我們去努力、去付出了呢？

這世界那麼大，總有什麼是值得我們去期待、去努力、去感恩的，不是嗎？至少我是這麼想的！所以說，謝謝大家囉！

【綜合解析】

1. 先定義體諒別人辛勞的表現是感恩，再舉出許多身邊需要感謝的例子。
2. 傳達感謝是必要的，這樣的養成是家庭教養，再舉自身的實際例子——感謝導護媽媽。最後強調付出與感謝。
3. 本文在首尾使用第二人稱，篇幅不多，不致有訓誡的味道。
4. 本文的「親切自然」是最大優點。

齊格飛教你一招

「落花水面皆文章，雞毛蒜皮是好朋友」

身邊的人物、小故事，日常生活中的待人接物只要剪裁得好，都是文章中的好演員。平時多觀察，考時多渲染，才是王道。

題目：影響生活的一項發明

審題

1. 本題要你舉出一項「影響生活」的「發明」，只能舉一項，不必是多麼偉大的發明，卻足以影響生活深遠。而這裡的生活指的是一般普遍的社會活動，所以注意，最好這項發明是一般大眾都可以理解、不須多做說明解釋的為佳，譬如太過專業的工具就未必會「影響你我」的生活。
2. 發明可以是有形也可以是無形的（如網路），說明中（見第一回）舉出了：眼鏡、牙刷、沖水馬桶、鞋子、照相機、鎖、藥物等，這些物品我們都可以寫，當然也可以別出心裁寫一項自己認為影響生活，但別人沒有注意到的發明，這樣才能突出與眾不同的題材。
3. 重點在於這項發明「如何」影響生活，必須加以介紹、鋪陳與論述，並舉例證。
4. 提出自己的感觸，如果沒有這項發明，我們的生活可能會如何。
5. 最後心存感激。

影響生活的一項發明

（6級分樣卷／心測中心）

俗話說：「一日之所需，百工斯為備。」我們耳目所及的萬事萬物——哪怕是一件微不足道小事、一項毫無存在感的工具——都不僅僅是周遭眾人的合力，還必須仰賴先人智慧的積累。有些連發明者都不知何許人也、看似稀鬆的發明，其實都在默默影響著我們。

衛生紙就是屬於這種發明。它從何而來？無人知曉；它又有何裨益呢？好像只能讓人信手拈來、擦擦桌面而已，並無什麼貢獻啊！相信我們對衛生紙的第一印象便是如此：有髒汙就隨手抽一張在其上擦拭，等到擦乾淨時，我們還會對那時已經汙穢不堪的它投以一個嫌惡的眼光，巴不得它立即從眼前消失。但是，假如有一天沒有它了呢？

有一次在上課期間，我正陶醉於臺上老師精彩的說書，突然，我的腸子像是被人打了數以萬計個結，還擰了幾十圈。我當場痛得汗如雨下，不管三七二十一，拚命往廁所衝。等我平息我腹中惱人的叛亂後，我才發現我栽進了一個由沖水馬桶和冷冰冰的四面塑膠牆所組成的致命、難以抽身的漩渦，而那塊讓我起死回生的漂流木卻遲遲沒有現身。那塊木便是薄到令人毫無感覺的幾張衛生紙，當時我多麼希望有同學能拉我一把，但偏偏正值上課時間，沒有人會看到的，而我便只能光著下半身、痴痴地任漩渦將我和時間一同吞噬，等鐘聲的曙光穿透我進退兩難的窘境，等那幾張望眼欲穿的衛生紙替我著衣，帶我逃離這令人毛骨悚然、不寒而慄的漩渦。

從那一刻起，我便了解到：衛生紙之所以偉大，不是因爲它能捨身將己陷於汙穢，也不是因爲它隨抽隨用，而是因爲它甘願奉獻出自己，讓我們脫身。不論我們是否會感激、重賞它們，都甘之如飴。這一點是抹布、手帕所比不上的，像那時身陷於困境、動彈不得的我，絕對不會用我的上衣來讓我脫身，因爲我深知它們沒有像衛生紙那樣甘心被棄置於噁心、臭氣飄散的垃圾桶中的氣度。若是沒有衛生紙，我們便不得有一塊清新怡人之地；若是沒有衛生紙，疾病們一定會從貧窮落後之地爬到文明的都市中；若是沒有衛生紙，我們的社會必不可能和諧、喜樂。衛生紙啊！眞是一項影響生活的發明呢！

【綜合解析】

1. 本文選了一個特別的題材：衛生紙，微小卻不可或缺，簡單卻無人不需，在取材上已經跨出成功的一步。
2. 引言破題，讚嘆結尾，深具口語活潑性。
3. 提出自身而且是任何人都可能碰到的慘痛經驗，誇大描述，突顯這項發明的特殊性，彷彿在描寫一個重要得無與倫比的東西（在那個情況下確實如此，讀者容易移情認同）。
4. 從取材、點題、扣題、舉例都非常精、準、美，甚至不浪費篇幅而留下一個懸念：到底作者如何從困境中解脫？

齊格飛教你一招

「小題大作，大題小作」

用小發現寫大收穫，用小事情寫大標的（如友情、親情）；相反地，大方向、大範圍的題目就要利用小物品或小故事娓娓道來，不然以小寫小就會無話可說，以大寫大就會大而無當，不知所終。

㈡評議類

針對一項議題、一個觀念、一個想法或做法，提出評論，並選擇一種角度提出建議或建言。例如：「近來國內許多食品發生摻假、僞造標籤如米、食用油等等食品安全的案件，造成社會大眾的不安，請你針對此事發表看法」。或者例如：「請問你對『近朱者赤，近墨者黑』的看法，贊同還是反對，爲什麼？」另外，【八七年北聯】考試曾出現解讀一篇文章這種評議類的題目：

生命教育——教改不能遺漏的一環

曾志朗【八七年北聯】

學會尊重自己、尊重別人，是我們目前教育最急迫要做到的事。我們的學生試考得太多，書讀得太少，所以對社會上的人情冷暖、生活百態並不理解，更不要說體會。不理解、不體會別人的疾苦，所表現出來的自然就是冷血。只有當一個人能充分瞭解個人的所作所爲都會對別人造成影響，他才會眞正瞭解自己生命的意義與存在的價值，也只有這樣，一個人才能學會體諒別人、尊重別人。

假如我們體會到雙排停車時，別人必須要煞車才能繞過你的車，這是侵犯到別人的權益，因爲他的煞車原來不需要踩，煞車皮不需要那麼快換，他也不需要冒多餘的險去變換車道，以避開你的車子。假如你能體會到這一點，就不會讓車子在路中間停留，因爲這是侵犯到別人權益不應該的事，而不僅僅只是怕警察要來開罰單。

會爲對方的處境做一番思考，能體諒別人、約束自己的人，才是一個文明的人。

【說明】：

1. 上述文字以「雙排停車」爲例，請仿此例的寫作方式，另舉「侵犯別人權益」不應該的事。
2. 仿作時，以「假如我們體會到」爲開頭，舉出事實，並加以闡發。

【範例】

題目：觀察你周遭的生活環境，有沒有什麼關於公共事務你覺得應該改善的？也許是交通問題，也許是環保垃圾問題，也許是噪音問題，問題的來由是什麼？你認爲應該如何改進比較好？請提出你的看法。

「里長廣播」的野蠻遊戲

曾幾何時，台灣鄰里巷道佈滿廣播器，時不時傳來一陣陣聽覺轟炸，不管你是在睡覺、洗澡、讀書、看電視、休息……的時候，只要里長辦公室有意願、有興致，就會有一長串聽不太清楚而又不重要的「大聲講話」不請自來，這種狀況連首善之都的台北也不能避免。

在已經數位化的現代社會，隨意地廣播居然能存在並且普及化到幾乎每支電線桿上，實在是匪夷所思的反潮流。手機、電腦郵件甚至布告欄都有資訊傳遞分享的功能，使用廣播器滿足的是什麼？鄰里資訊的渴求還是里長的方便或「麥克風表演慾」？觀察世界先進國家的大城市資訊傳播工具運用，台灣的廣播次文化確實是落後的社會現象。

像我每次在觀賞最喜愛的動畫時，對面的里長便不時來「插播」，眞是讓我欲哭無淚啊！這種反潮流並沒有令人感到農業時代的親切溫馨，反而有統治者霸凌的幻覺。耳朵不像眼睛，只要閉上或者走開，便不吸收。當在享受自己的家居生活，特別是自己的洗澡演唱、媒體的重要視聽、一句情人的呢喃或是孩子可人的撒嬌時，被擾人的廣播「強暴式」地掐斷、橫越數分鐘，這種感受不僅是社會落後，而是野蠻！如果又碰上「口拙但是勤說」的里長，操著不輪轉的國台語，每次把國語、台語各輪播一兩遍，這種聽覺暴力更不是野蠻足以形容。

假如我們能夠體會到尊重他人，體會到不能濫用、誤用公器資源，尤其在廣播這件聽覺霸凌上，其中的「負功能」遠遠大於正效果。廣播器是公器，公器的使用應該納入內政部的管制，或是建立相關管理規範。當然，拆掉所有廣播器，放棄落後又野蠻的武器，用用電子郵件，或者請有事務費的里長們走幾步路貼貼公告、投投信箱，不也是很好的選擇？

【綜合解析】

1. 直接點題，舉出問題所在。
2. 接著描述問題的害處，從個人、社會、文化上剖析。
3. 最後舉出幾項可以取代的解決方案。

㈢雙軌類

題目中有兩個「相近也可能是相反」的概念，必須要加以分別解說，再申論兩者間的關係。例如基測的預試題曾出現：「鄉村與都市」。要注意的是，雙軌題不能偏重一邊，即使其中一項是負面的如「驕傲」、「偏見」、「懶惰」等，也要以批判的角度給予相對的篇幅。

寬與深

（一〇〇年指考優良範文／大考中心）

一次文學的研討會上，一名記者問泰雅族作家瓦歷斯．諾幹：「同樣是原住民作家，您和達悟族的夏曼．藍波安先生，誰的文學比較卓越呢？」瓦歷斯微笑：「我住在山上，我的文學視野自然比較寬，而他來自水邊，造詣當然比我深。」

瓦歷斯的妙語化解了當時一度的尷尬，也剎時讓我明白了「寬」與「深」兩種不同的境界。「寬」是博覽的水平視角，而「深」則是專一精鍊的目光，「寬與深」的哲學不僅運用在文字書寫上，同時是一種人生追求進取的態度。

放眼大千世界中的美麗藝術，我渴望能彈箏遊藝，遍習禮樂射御書數，以寬的角度戴天履地。面對音樂，我感受搖滾樂驃駻而沛然莫之能御的金屬撞擊，悠遊於古典音樂的和諧弦律；面對書本，我喜歡來自西方的奇幻小說，亦享受沉浸於古人的氣韻風流之中；面對書法，我敬仰歐陽詢的穩重公整，也欣賞王羲之的靈動。

然而，我發現淺嘗輒止已不再能滿足我焦渴的性靈，「逐二兔而不得一兔」，最後我選擇明末的大書家傅山，做爲我藝術上「深」的探索。倚側頓挫中化規矩於無形，傅山的字老殘而枯挺，一洗甜熟靈巧的風格，他所展現的是「寧拙毋巧，寧醜毋媚」的拙澀面目，遒勁的線條中豪氣干雲，反映了我內心渴求的那個粉華剝蝕後赤裸裸的自我。

唯有如此的「深」我才能直視心底的眞我；只有那麼「寬」我才能在天地中以靈明的視野行旅。「路漫漫其修遠兮，吾將上下而求索」，在充滿大美的世界中，我將持續「寬且深」地探尋內在的涵養與外在的光華。

【綜合解析】

1. 先以恰當的例證，點明寬與深兩者的關係。
2. 接著定義各自的內涵。
3. 舉出自己在音樂、閱讀、書法上的實例。先講寬廣遨遊，再自我反省，應該擇一領域及對象深入。如此，兩者才能順利連結起來。
4. 最後再次強調兩者的真諦與關聯，並期勉自己不斷提升。

齊格飛教你一招

「就說我吧！」

以自己為例來貫串文章，在論說文中也是相當好的選擇，尤其自己有適當的經歷做題材，也想不起其他知名的例子的時候，那麼就說說我自己吧。以己為例要多多留心自我反省，或有領悟，或有開竅，失敗的例子也很好，最後記得再加以自我期勉。

【範文學學看】

題目：「假如你是一口溫水，既不冷也不熱，我必將你從我口中吐出去。」（改寫自《聖經・啓示錄》）請以這段話爲題，寫出你的觀點與感想。

審題

1. 沒有題目，但有範圍，可以自訂題目，但不能超過範圍。這樣的出題方式類似特招。
2. 本題可以從自我表達出發，寫下一種人生觀：有熱情，有想法，既能好好表現自我，也能與社會生活取得平衡。
3. 注意不可偏激，可以有主張，但不可極端偏鋒，要以正面的方向去闡揚、抒發。
4. 舉出類似的話語或例子，讓閱卷人明白你掌握了題旨。
5. 以期勉做結論。

假如你是一口溫水，既不冷也不熱，我必將你從我口中吐出去

人生於世，如果這個也好，那個也好，不過是個冬烘先生；如果這樣不必分辨，那樣也可

以，不過是個差不多先生；如果凡事和稀泥，處處討好，也不過是個鄉愿。

人生於世，必須要有自己的看法、自己的目標；要有正確的是非觀、明白的處事態度，不應當隨波逐流、溫溫吞吞，聖經上說：「假如你是一口溫水，既不冷也不熱，我必將你從我口中吐出去。」這是指沒有自我主見、黑白不分、故步自封的迂腐表現必須被唾棄。泰戈爾也說過：「與其在玻璃缸中保持清澈，我寧願是淺黑的海水。」寧願要在一個眞實的世界中，獨自去闖，努力去愛，寧願面對風浪的襲擊，忍受冰山的冷漠，舔舐劍戟的傷口，也不要躲在安全的象牙塔中顧影自憐，不要在安排的無菌安樂窩中不死不活。

對等地，我可以表達主張，但是我也會捍衛別人說話的自由；我可以揮灑才能，但我也是個稱職的欣賞者；我可以融入人群，但我也能夠吸吮一個人的孤單寂寞。勇於表達自我，以一個社會人的角色與人分享意見，交流心得；保有個性，以一個群體份子的角度欣賞別人，呵護彼此的距離。我可以冷，也可以熱，自有一把溫度計在我心頭。

中庸不是平庸，雖然過猶不及，但絕不昏昧，絕不鄉愿，絕不是差不多。因爲，面對未來，也有笑靨，也有藍天，可以表現自己，可以擁抱別人，也可以擁抱自由。

【綜合解析】

1. 先從反面立論，再以正面說明並舉言例，然後進一步從兩方面定義真正的價值觀，自身要有目標和熱情，社會生活要有尊重和欣賞。末段呼應首段，然後期待更好的未來。
2. 這個題目難在如何去理解和定義，所以先從反面隨著話意去否定，再加以衍生出自己的見解。

題目：面對未來，我應該具備的品德

審題

1. 社會上各種不幸事件頻傳，有黑心食品、政府弊案，甚至捷運發生大規模殺人事件。我們的物質生活不斷提升，但是心靈生活似乎越來越空虛，導致人與人之間的信任感發生危機，人際關係越來越緊張，個人的心理問題也越來越多。

2. 如果我們能在中學時期多培養一些好品德，相信會幫助我們社會良性發展，而不是如今一味地追求效益，追求成功，追求能力，只在意眼前利益和一己的私得，卻造就許多貪官汙吏、無良廠商、功利的人們，致使整體社會道德淪喪。因此，確實舉出在中學階段什麼品德是重要的，這項或這些品德是什麼？你如何定義。

3. 期勉社會風氣的良性發展，更期勉從自己做起。

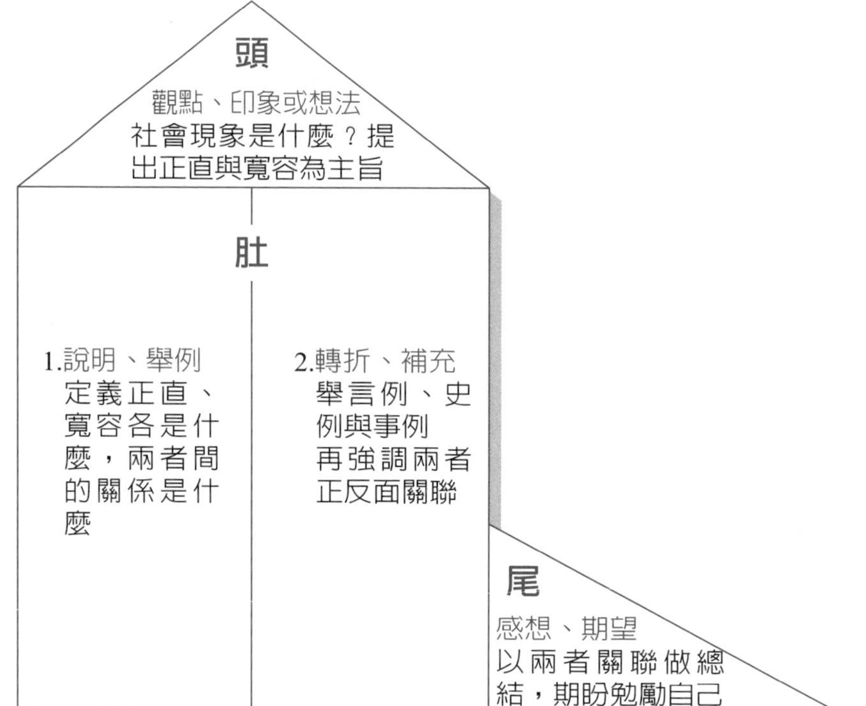
頭
觀點、印象或想法
社會現象是什麼？提
出正直與寬容為主旨
肚
1.說明、舉例
定義正直、
寬容各是什
麼，兩者間
的關係是什
麼
2.轉折、補充
舉言例、史
例與事例
再強調兩者
正反面關聯
尾
感想、期望
以兩者關聯做總
結，期盼勉勵自己

面對未來，我應該具備的品德

「富貴不能淫，貧賤不能移，威武不能屈。」這是孟子對堂堂正正的人的期許，容易做到嗎？老實說，不容易。我們反而容易看到的是：土豪、富二代炫富；商人貪婪黑心作假；財團爲富不仁；老太太跪求富商發放現金；年輕人爲名牌品出賣自己；惡人恃強凌弱；人們在強橫之前裝聾作啞。種種現象告訴我們，群體生活不能只仰賴法律，法律只是社會秩序的最後一道防線，站在最前線的應該是品德。而在中學階段，我認爲最需要具備的品德是：正直與寬容。

正直是明辨是非，擇善固執，堅守原則；寬容是海納百川，包容體諒，但眞正的寬容同時也有著擇善固執與堅守原則的底蘊。因爲，沒有是非的正直不是正道，沒有是非的寬容只是姑息；沒有求善的正直只是苛酷，沒有求善的寬容只是放縱；沒有原則的正直欠缺標準立場，沒有原則的寬容只是討好隨俗。所以，正直與寬容同行，才能保有仁愛，寬容不離開正直，才能在緇不涅，兩者的運行，正如同鳥的雙翼。

莎士比亞說：「正直是最富貴的遺產。」我們看到正道直行的屈原，一部《離騷》震古鑠今；執法公正不阿的張釋之，連皇帝都屈服讚賞，流芳萬代；「以正勝邪，以直勝曲」的蔡鍔，動彪史冊，受人景仰。我們能不自省？能不學習嗎？一個正直的人並非不近人情、不苟言笑，而是在大是大非判斷處，張得開眼光，在大公無私的浪頭前，站得穩腳步，在權勢豪強的脅迫下，挺得起身段。同樣地，面對無心的過錯、能力不足的缺憾、改過自新的人們，可以伸出溫暖的手，寬恕原諒，更是高尚的修養。

「有容乃大」，山之所以成其高，海之所以成其深。面對不同的意見、相異的觀點，我們應該平和交流，廣納雅言。對於他人的短處、失誤、缺憾不僅要包容，對於別人優異的表現、過人的成績，我們也應該要欣賞而不嫉妒，讚美而不詆毀。雨果曾說：「世界上最廣闊的是海洋，比海洋更廣闊的是天空，而比天空更廣闊的是人的心靈。」反觀自己的成長求學過程，就是不斷地調皮、犯錯、跌跤，要不是父母師長的包容，悉心耐心地教導，你我怎麼可能有機會成長茁壯。

用正直立身處世，用寬容待人接物，各人才能克盡己責，同時保有多元社會的風采，我們的社會也才能良性和諧發展。在每天的生活之中，我也一定會時時提醒自己，讓正直與寬容的雙翼帶領我飛翔。

【綜合解析】

1. 本文舉出兩種優良品德，自行設定為雙軌進行。
2. 首先提出目前的社會問題，再說明各自的意義（「來！我教你」法開頭），隨即解釋兩者的關聯性，兩者必須相輔相成，如鳥的雙翼。這是雙軌題不可或缺的重點。
3. 然後各自加以闡述，進而提及如何正確地養成，舉數個相關言例與史例，豐富內容與支持論點。

4. 再一次做連結，並且引自己為例。使用「合、分、合」的寫作方式。

5. 最後期勉自己，期勉社會能多元和諧，即「明天會更好」法。

題目：建立健康的人際關係

審題

1. 本題的重點在於「建立」，如何建立？建立「什麼樣」的人際關係？必須先說明清楚。
2. 提出自己的論點，排列好順序，加以說明論述。必須言之有序，言之成理。
3. 末段總和歸納前述的要點，扣題強調如此才能有健康的人際關係。

建立健康的人際關係

人際關係的重要在於人是社會性的動物，除非離群索居、梅妻鶴子，我們一生都必須與人互動。互動的過程中，有快樂也會有痛苦，如何保有自我又能與他人建立良好健康的關係，便是一門重要的功課，甚至可說是一項藝術了。

人與人互動難免產生情感，那麼什麼樣的情感紐帶才是健康的呢？依賴？互虐？相互利用？相互批評？犧牲自我？這些都不是好的人際關係，也無法走得長久。人與人必須要有好的循環對待，尊重他人，尊重自己，然後共同相處、合作共事。

與人相處之前，我認爲要先了解自己，自重而後人重之，自敬而後人敬之。只有先了解自己的個性，才有辦法建構屬於自己的人際關係，孔子說：「無友不如己者。」了解自己的長短才容易找到眞正和自己相同興趣、相同目標或是互補個性的友伴。而常常我們無法選擇環境，譬如原生家庭的條件、學校老師同學的組成、工作的同事朋友等等，所以瞭解自我之後，面對各種環境中的人際關係，我們應該主動出擊，主動結交朋友，主動拒絕損友。

如果我們在人群中，都只是隨波逐流、人云亦云，只想和其他人一樣，以避免衝突批評，以求得接納認同，這樣不僅很無趣而且活得很沒有自我。然而，我們也可以主動去選擇，選擇朋友，選擇環境，掌握機會。經由瞭解自我，給自己信心，即使選擇後有失有得，也能坦然面對一切，坦然面對問題；即使犯了錯，我們也能負起責任，而不是全推給他人，那麼就可以建立有自尊的人生、有尊嚴的人際關係。

相對地，在人際關係中，「溝通」扮演重要的角色，沒有溝通的人際關係不是健康的人際關係，畢竟，眞正的情感與想法需要媒介來傳達，例如語言和文字。如果只是一相情願地認定別人是怎麼想、應該如何做，那麼無疑會自我蒙蔽，造成無謂的誤會。溝通是雙方的交流，而不是強迫說服；溝通也要理性作爲基礎，同時開放心胸流露眞實情感。更重要的，我們也可以先「主動」吹響溝通的號角，遞出互信的橄欖枝，溫潤彼此的關係。

了解自己，主動積極，尊重彼此，強化溝通，才能不給對方壓力，才能保有自我，才能建立起健康的人際關係。這樣不管我們在什麼環境，不論是讀書、工作、休閒都能活得自在有尊嚴，享受美妙的人際和諧。

【綜合解析】

先強調人際關係的重要，然後提出建立「健康的」人際關係的見解：了解自己、主動積極、溝通，由內而外地剖析解說，循序漸進地闡揚看法，運用言例、反證，文字簡潔有力，立論清晰合理，最後總結前述（「統統回到這裡」法），提出期望。整體而言，充分展現「積極正面」的好寶寶形象。

中國二〇〇一年高等學校統一考試作文題

一個年輕人，在漫漫人生路上經過長途跋涉，到達一個渡口的時候，他身上已經有了七個背囊：美貌、金錢、榮譽、誠信、機敏、健康、才學。

渡船開出的時候風平浪靜，過了不知多久，風起浪湧，上下顛簸，險象環生。老艄公對年輕人說：「船小負擔太重，客官你必須丟掉一個背囊，才可安全到達。」看年輕人不肯丟掉任何一個，老艄公又說：「有棄有取，有失有得。」年輕人想了想，把「誠信」丟掉了水裡。

——誠信被丟掉了，引發你想起了什麼？請以「誠信」為題，寫一篇作文。

「誠信」漂流記

（中國高考滿分作文）

話說誠信被那個「聰明」的年輕人投棄到水裡以後，他拚命地游著，最後來到了一個小島

上。

「誠信」就躺在沙灘上休息，心裡計劃著等待哪位路過的朋友允許他搭船，救他一命。

突然，「誠信」聽到遠處傳來一陣陣歡樂輕鬆的音樂。

他於是馬上站起來，向著音樂傳來的方向望去：他看見一隻小船正向這邊駛來。船上有面小旗，上面寫著「快樂」二字，原來是快樂的小船。

「誠信」忙喊道：「快樂，快樂，我是誠信，你拉我回岸可以嗎？」

「快樂」一聽，笑著對「誠信」說：「不行不行，我一有了誠信就不快樂了，你看這社會上有多少人因爲說實話而不快樂，對不起，我無能爲力。」說罷，「快樂」走了。

過了一會兒，「地位」來了，誠信忙喊道：「地位，地位，我是誠信，我想搭你的船回家可以嗎？」

「地位」忙把船划遠了，回頭對「誠信」說：「不行不行，誠信可不能搭我的船，我的地位來之不易啊！有了你這個誠信我豈不倒楣，並且連地位也難以保住啊！」

「誠信」很失望地看著「地位」的背影，眼裡充滿了不解和疑惑，他又接著等。

隨著一片有節奏的卻不和諧的聲音傳來，「競爭」們乘著小船來了，「誠信」喊道：「競爭，競爭，我能不能搭你的小船一程？」

「競爭」們問道：「你是誰，你能給我們多少好處？」

「誠信」不想說，怕說了又沒人理，但「誠信」畢竟是誠信，他說：「我是誠信……」

「你是誠信啊，你這不存心給我們添麻煩嗎？如今競爭這麼激烈，我們不正當競爭怎麼敢要你誠信？」言罷，揚長而去。

正當「誠信」感到近乎絕望的時候，一個慈祥的聲音從遠處傳來：「孩子，上船吧！」一個白髮蒼蒼的老者在船上掌著舵道：「我是時間老人。」

「誠信」問道：「那您爲什麼要救我呢？」

老人微笑著說：「只有時間才知道誠信有多麼重要！」

在回去的路上，時間老人指著因翻船而落水的「快樂」、「地位」、「競爭」，意味深長地說道：「沒有誠信，快樂不長久，地位是虛假的，競爭也是失敗的。」

【綜合解析】

他山之石可以攻玉！本文以寓言對話體的形式寫作，在考試中少見，但由於題目允許，而作者功力高，鋪排精妙、對話精彩、情節引人、結尾雋永，所以脫穎而出。我們可以學習這樣的轉化能力，還有以故事說理的技巧。

我們學習了許多寫作技巧，也閱讀賞析了許多文章，接著最重要的，是親自拿起筆來認眞地練習，把不會的練會，把不熟的練熟，把不好的改善，唯有眞正下筆去寫，才能增進我們的寫作實力。後面有名言佳句供參考，還有數個模擬試題，現在就拿起紙筆，配合這本書，開始寫下屬於自己的六級分吧！

齊格飛老師無限祝福！從此作文都得最高分！

附錄

名言佳句參考

1. 和勤奮的人在一起，您不會懶惰。
和積極的人在一起，您不會消沉。
與智者同行，您會不同凡響。
與高人為伍，您能登上巔峰。
積極的人像太陽，照到哪裡哪裡亮。
消極的人像月亮，初一十五不一樣。
態度決定一切。有什麼態度，就有什麼樣的未來。
性格決定命運。有怎樣的性格，就有怎樣的人生。
生活中最不幸的是：由於您身邊缺乏積極進取的人，
缺少遠見卓識的人，使您的人生變得平平庸庸，黯然失色。
如果您想聰明，那您就要和聰明的人在一起，您才會更加睿智。（嚴長壽）

2. 趣，得之自然者深，得之學問者淺。（袁宏道）

3. 為學患無疑，疑則有進。（陸九淵）

4. 黃金時代在我們面前而不在我們背後。（馬克・吐溫）
5. 人的生命猶如一部小說，其價值在於貢獻而不在於長短。
6. 雄心壯志是茫茫黑夜中的北斗星。（勃朗寧）
7. 一個湖，是風景中最美最有表情的景色，它是大地的眼睛，望著它的人可以測量出自己天性的深淺。（梭羅）
8. 挫折可增長經驗，經驗能豐富智慧。（叔本華）
9. 一切藝術、宗教都不過是自然的附屬物。（亞里斯多德）
10. 我們往往只欣賞自然，很少考慮與自然共存。（王爾德）
11. 樂觀的人永保青春。（拜倫）
12. 友情爲人生之酒。（楊格）
13. 撇開友誼，無法談青春，因爲友誼是點綴青春的最美花朵。（池田大作）
14. 青春永遠不會滅亡。（安徒生）
15. 我們讀書越多，就越發現我們的無知。（雪萊）
16. 每當一位藝術家逝去，人類的一部分幻想也隨之而逝。（羅斯福）
17. 雖然錢包被倒空，但心卻被填滿，這就是做善事的喜悅。（雨果）
18. 如果你長時間盯著深淵，那麼，深淵也會同樣回望你。（尼采）

19. 我們的心不是石頭。石頭也遲早會粉身碎骨，面目全非。但心不會崩毀。對於那種無形的東西——無論善還是惡——我們完全可以互相傳達。（村上春樹）

20. 人們活著是爲了愛，這是生活的要旨。（柏拉圖）

21. 世界上若沒有女人，這世界至少要減少十分之五的眞、十分之六的善、十分之七的美。（冰心）

22. 自然是最偉大的一部書。（徐志摩）

模擬試題參考

1. 最難忘的出遊
2. 街角情趣
3. 自然之光
4. 回到從前
5. 勇者的畫像
6. 最有創意的方式介紹自己
7. 那個支持/啓發我的人
8. 疤痕的故事
9. 忘不了，□□教會我的事
10. 給我一種超能力
11. 一次冒險帶來的成長
12. 承認我錯了/從那次失敗中獲得的
13. □□的代價
14. 嘗試這樣解決問題
15. 從今天到明天
16. 誠實卻不忘變通
17. 追求卓越時不能忘的事
18. 奇遇

一〇四年會考寫作測驗題目：捨不得

說明

搬家時，送出陪伴自己多年的玩具，告別每天相處的朋友；畢業時，離開熟悉的校園，向無怨付出的老師說再見……，這些時候我們總覺得依依難捨。又或者，捨不得叫醒必須上大夜班的母親，捨不得花錢，捨不得放手，捨不得先吃蛋糕上的草莓……，這些情況都讓人感到猶豫掙扎。面對難以割捨的事物，你有什麼體會？請以「捨不得」為題，寫下你的經驗、感受或想法。

解析

從說明中可以發現，這個題型仍是以考試中最常見的「記敘抒情文」寫作最合適。寫作本題，必須細膩描述針對人、事或物「捨不得」的心情，寫出無法割捨的心理原因，以及放不下、解不開的心情感受。並且特別注意，要針對「捨」之後的「得」提出轉折性的想法，不然不容易得高分。也就是在敘述事件過程中，除了不捨的心情，還要描繪出捨棄、放下之後，「得到」了什麼？也許是解脫，也許是成長，也許是跨越，也或許是轉彎，然後以這樣的豁然心態作爲結尾的高潮。

類似題型可以參考本書的範文
第一四三頁〈告別〉
第一四五頁〈閒情，有得〉
第一五〇頁〈一個人，發現〉

一〇五年會考寫作測驗題目：從陌生到熟悉

說明

也許是來到一個全新的環境，從分不清東南西北，最後對所有的巷弄瞭若指掌；也許是加入一個團體，從剛開始找不到對象說話，到漸漸認識志同道合的朋友，暢談彼此的夢想；也許是接觸新事物或者學習新技能，從獨自摸索、反覆嘗試，到終於駕輕就熟，而有深切體會……。從陌生到熟悉，其中有著苦甜的滋味，也帶給我們許多思考。請以「從陌生到熟悉」為題，寫下你的經驗、感受或想法。

解析

「從陌生到熟悉」的感覺，在我們的生活當中俯拾即是，但要突出這種感覺，需要一點別出心裁的情節安排。在說明當中給了我們一些參考提示，有新環境、新團體、新事物等，我們當然還可以想到其他「地」、「人」、「事」的從陌生到熟悉，除了搬家、轉學之外，可以是對一家新的書店或餐廳的熟悉；也可以是對一個新朋友、老師、學習對象，甚至對新家人的熟悉；也可以是一門新科目、一種新的運動競技（小提醒：儘量不要寫電玩遊戲，一來這個主題可能很多人寫，二來無法讓不懂電玩的閱卷老師理解，所以不容易拿高分，最好還是以生活中的眞實體驗出發）。

「從……到……」這樣的題目，渲染心理變化的歷程最爲重要，行文的安排尤其要強調「對比」；陌生的感覺可能是害怕、恐懼、排斥，也可能是期待、好奇，比較熟悉之後的心情，要形成強烈的反差，也許是有意想不到的收穫，或是讓原本的想法完全改觀，或累積出新的成就感。這一個對比，必須提煉出比較極端的心情感受，不僅只是增加了熟悉感而已。在書寫中，更要盡力突顯一些轉折的片刻，例如：「就在徬徨不安的當下，他對我綻放一朵微笑，讓我……」、「正當我想放棄的時候，那一段似曾相識的音符突然躍出……」、「哈！原本以爲這裡是迷霧森林，其實也不過是有著許多平凡而又有趣的人們組合成的小角落……」。換句話說，文中必須隨著故事情節推進，流淌著許多想法，翻騰著心情感受的變化。結尾則要將整個故事與心情流程做一番簡單的「回顧」，如何從陌生轉變爲熟悉之後的情境，曾有什麼樣的「助力」，又有什麼樣的收穫，也因爲有了這個體驗，面對未來的挑戰會更有勇氣。

一〇六年會考寫作測驗題目：在這樣的傳統習俗裡，我看見……

說明

請閱讀以下圖表及文字，按題意要求完成一篇作文。

- 傳統習俗
  - 歲時
    - 例如：
    - 端午節佩戴香包
    - 中秋節吃月餅
    - 春節不能掃地倒垃圾
    - ……
  - 祭祀
    - 例如：
    - 求平安符
    - 焚香燒金紙
    - 西拉雅族祀壺
    - ……
  - 生育婚喪
    - 例如：
    - 父母分贈新生兒彌月油飯
    - 女兒出嫁離家前要潑水
    - 以毛巾致贈參加喪禮的親友
    - ……
  - 其他
    - 例如：
    - 搬家要挑吉日
    - 禮物不能送「鐘」
    - 紅色金額要湊雙數
    - ……

從小到大，許多傳統習俗伴隨我們成長。在這些傳統習俗裡，你也許感受到它所傳遞的情感，也許發現它值得保存的內涵，也許察覺到它不合時宜的地方。請就個人生活見聞，以「在這樣的傳統習俗裡，我看見……」為題，寫下你的經驗、感受或想法。

解析

這是一個較創新的題目，不僅使用了簡單的圖表，而且以文化傳統習俗入題，對很多人來說，也是比較陌生、不好發揮的題材。圖表中舉了很多例子，有歲時、祭祀、生育婚喪以及其他趨吉避凶的習俗，乍看之下，似乎只能以論說的方式來寫作，其實並不盡然，生活中遇到的許多例子都可以加以運用、發揮，以「夾敘夾議」的方式來寫作最爲理想。要選定探討哪些習俗，可能是很多人比較傷腦筋的部分，這時最好揀選自己熟悉的場景，或是新聞媒體上常看到的一些習俗或禮儀，例如婚禮、喪禮的儀式，或是農曆七月的普渡、端午划龍舟、中秋團圓吃月餅、初一十五拜拜……等等，一個或數個皆可以，若是三個以上的話則需要加以分類。接著提出看法，亦即題目的第二句話「我看見……」的部分要好好發揮，這才是重點，不能本末倒置。透過接觸或觀察這些習俗之後，除了表面上的意義之外，最好還能寫出隱含的深一層意涵，例如婚禮是雙方因爲愛情的結合，在許多繁文縟節之下，是一種愼重的心情，是雙方家經由儀式互相的認證，但過於繁瑣的禮節卻可能造成無謂的爭吵，反而破壞了婚姻的神聖性，而且也無法保證愛情在婚姻中的延續；同樣的，祭祀或喪禮過度鋪張，眞實體現的未必是悲傷情感，反而可能使愼終追遠失去原有的面貌……等等。論述上，需要採取一種針砭的立場，說出這樣的習俗好或是不好，好在哪裡？不好又在哪裡？很多習俗如果徒留儀式，文化傳承意義便蕩然不存，相反的，很多習俗的本意在凝聚親族情感，展現民族智慧，這時若能去蕪存菁，則更能展現與時俱進的價值。這些感想都必須針對所提出的一項或多項習俗，給予鋪排論證，並妥善地將時代的演進、人心的變化置入其中。結論時，只需針對自己舉出的習俗抒發省思，或是提出特殊的觀察心得，不宜再另外舉出別的習俗。

一〇七年會考寫作測驗題目：我們這個世代

說明

請先閱讀以下提示，並按題意要求完成一篇文章。

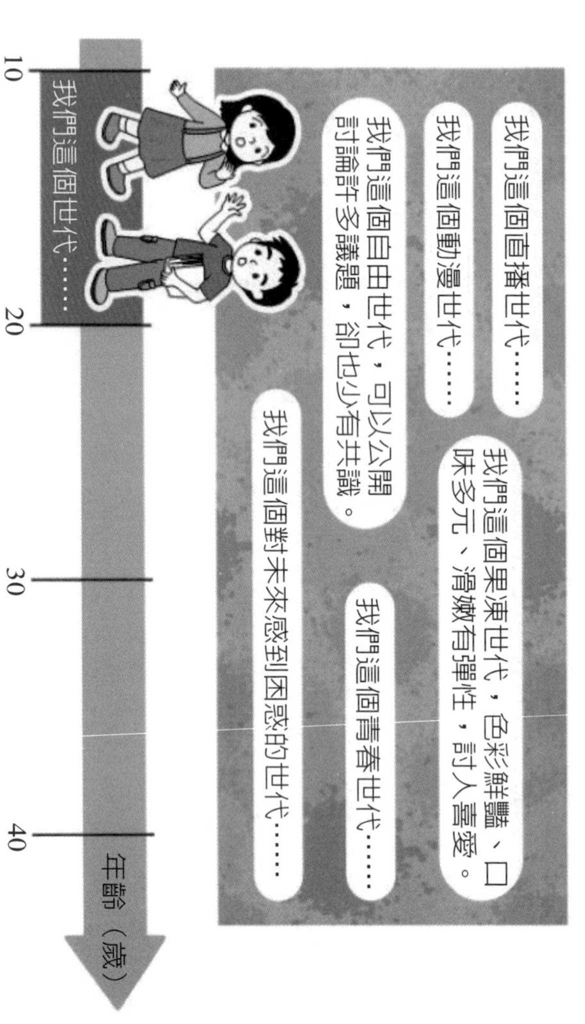

我們這個直播世代……
我們這個動漫世代……
我們這個自由世代，可以公開討論許多議題，卻也少有共識。
我們這個果凍世代，色彩鮮豔、口味多元、滑嫩有彈性，討人喜愛。
我們這個青春世代……
我們這個對未來感到困惑的世代……
我們這個世代……
10
20
30
40
年齡（歲）

每個世代都有其關注的事物、困擾的問題，或是對未來的想像，構成各個世代的精采面貌。你覺得自己這個世代有什麼樣的特質？這些特質也許是刻板印象，也許是你身處其中的真實觀察。請以「我們這個世代」為題，寫下你的經驗、感受或想法。

解析

連續第二年藉由圖示要求寫作說明文，主題也是關聯時代歷程。所謂的「世代」在圖示中以每十年爲一個計算單位，「我們這個世代」處於十到二十歲之間，在定義上面，圖中提供了「直播世代」、「動漫世代」、「自由世代」、「果凍世代」、「青春世代」以及「對未來感到困惑的世代」等參考。不管是哪一種，都是反射這個年齡層共同的心情、關心的事物或是面臨的問題，基於一種共通性所形成的族群特徵。所以針對這個主題，必須要先選定一種對世代的認同，也就是要先定義「我們是什麼樣的世代」，題材上，當然以自己熟悉且容易被辨識爲主。定義之後，接著說明共通的特徵是什麼，這些特徵的養成以及背後因素是什麼？最重要的影響或問題是什麼？以手機爲例，原本是溝通的工具，卻因爲功能多樣化，漸漸造成過度依賴，甚至出現躲在手機世界裡當面卻不溝通的人們，但是資訊化的現代社會，手機又不可或缺……等等現象。論述中，穿插自己的經歷、所見所聞等小故事爲例證，要特別注意的是，這個主題是一個群體意識，是「我們」而不是「我」，要描述的是這個包括「我」在內的群體觀察。另外，也應以多角度的觀照、反省來推演「我們這個世代」，正面的優點與負面的標籤，面臨的問題與未來的展望，都要有一定的篇幅論及，並且進一步去比較與其他世代的差異，說明相互理解與包容是必須的。行文的層次感、舉證、以及論述的不同觀點，是這類題目最重要的得分關鍵。

一〇八年題目：青銀共居，好家哉？

說明

政府近期結合民間資源，嘗試推動青年與銀髮族共居，安排沒有血緣關係、不同年齡層、不同世代的人共享居住空間。

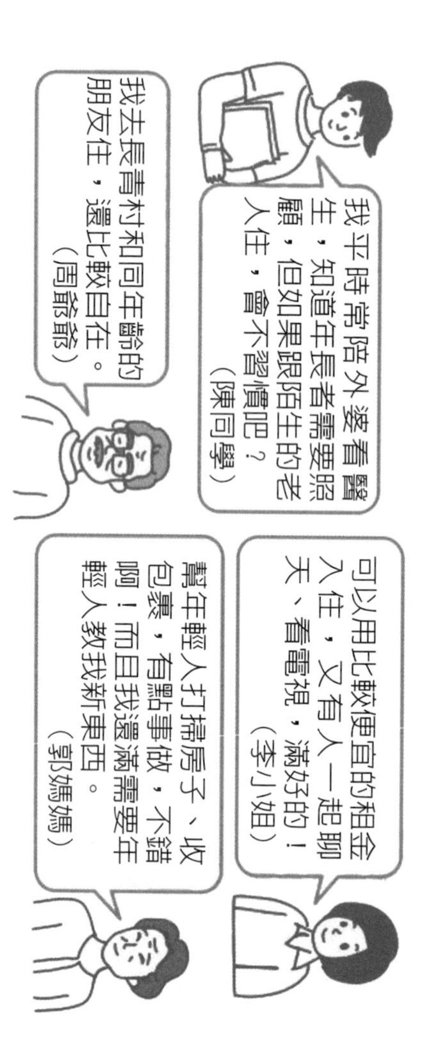

我平時常陪外婆看醫生，知道年長者需要照顧，但如果跟陌生的老人住，會不習慣吧？（陳同學）
我去長青村和同年齡的朋友住，還比較自在。（周爺爺）
可以用比較便宜的租金入住，又有人一起聊天、看電視，滿好的！（李小姐）
幫年輕人打掃房子、收包裹，有點事做，不錯啊！而且我還滿需要年輕人教我新東西。（郭媽媽）

若參考上述「青銀共居」的事例，思考高齡化社會的相關議題，你對年輕人與銀髮族的互動或相處模式，有什麼期待？請就你與年長者的相處經驗，或生活周遭的觀察，表達你的感受或看法。

解析

這個題目從社會問題出發，不像往常注重在國中生生活或是關心的事情。面對台灣高齡化社會，提出青銀共居的方式，希望我們用關懷長者的角度，表達想法與感受。所謂青銀共居，從題目以及生活常識中，我們大致可以知道，是青年人與長者共住的一種社會住宅類型。

相信很多同學剛看到這個題目，會覺得有陌生感，甚至會因爲不夠了解而感到棘手。但是仔細看一下圖說和文字說明，就可以發現有一些素材可以切入。圖說分成贊成與質疑兩部分，陳同學和周爺爺覺得，陌生青銀共居可能會發生一點問題，而李小姐認爲可以省錢，郭媽媽覺得可以有事情做，是可行的。說明中又提到，要我們從與年長者的相處經驗，或是生活觀察來表達看法。換句話說，我們可以從正反兩面來論述，其中更可以加入我們生活中的經驗。

這樣的社會關懷類題型，比較好的架構方式是，先從現狀或問題出發，描述高齡化社會中可能的問題，例如老人家缺乏關心與照顧，年輕人也缺乏經濟基礎和見識交流，而青銀共居正可以彌合雙方。然而，青銀共居也可能產生一些問題，例如陌生人的磨合，年長者與年輕人彼此生活習慣以及作息等問題，然後從正反兩方的看法加以論述。正反的例證就適合加入我們生活中的經驗，例如我們和長輩的相處，阿公阿嬤與我們的互動，或者我們觀察到的街坊鄰居，以及社會新聞中的事件，或是父母親曾發生過的故事等等，都可以是我們的寫作材料。最後再將我們看法加以統整，並給予比較樂觀積極的結尾。

青銀共居是因應高齡化社會的一個解方，不論我們站在哪一種觀點，在會考作文中，針對這種題目，鎖定在「溫暖」以及「實踐」兩個觀點來鋪陳，是比較好的作法。我們可以在作文中表達出：溫暖是對年長者的人性關懷，每個人都會老，社會本來就應該在互助中發展前進，而青銀共居就是社會關懷的一個實踐方法，而且我們會在實踐中一起成長，一起讓社會更好。

一〇九年題目

說明

請先閱讀以下資訊，並按題意要求完成一篇文章：

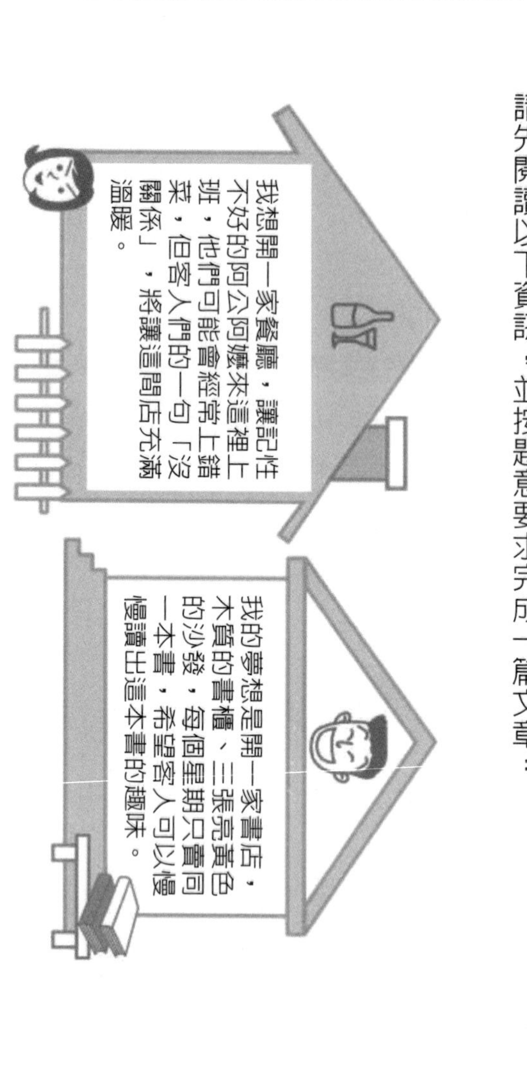

我想開一家餐廳，讓記性不好的阿公阿嬤來這裡上班，他們可能會經常上錯菜，但客人們的一句「沒關係」，將讓這間店充滿溫暖。
我的夢想是開一家書店，木質的書櫃、三張亮黃色的沙發，每個星期只賣同一本書，希望客人可以慢慢讀出這本書的趣味。

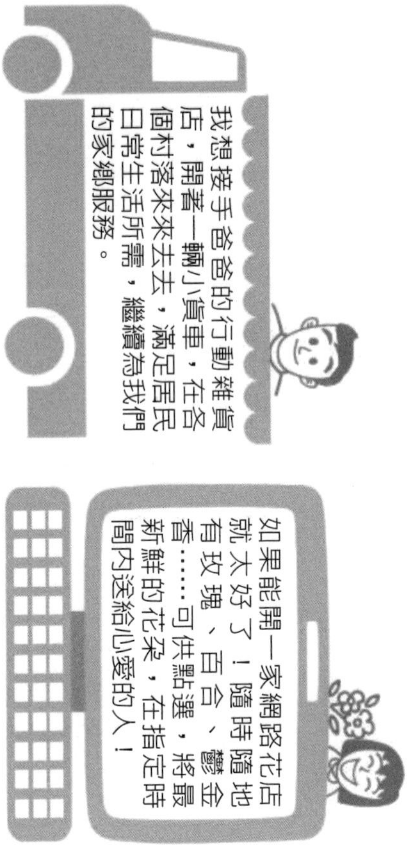

我想接手爸爸的行動雜貨店，開著一輛小貨車，在各個村落來來去去，滿足居民日常生活所需，繼續為我們的家鄉服務。

如果能開一家網路花店就太好了！隨時隨地有玫瑰、百合、鬱金香……可供點選，將最新鮮的花朵，在指定時間內送給心愛的人！

開一家店，可能是爲了實踐某個夢想，也可能是爲了滿足生活中的各種期盼。你想開設一家怎樣的店？爲什麼要開這家店？它又會是什麼樣貌？請以「我想開設一家這樣的店」爲題，具體寫下你的想法。

解析

題意很簡單直接，要我們開一家店，一家「這樣的」店。所以，我們的主題是「開一家店」（只能一家，不能很多家），而且要在短時間內趕快決定開一家「怎麼樣」的店。圖示中舉了四個例子，有阿公阿嬤當店員的餐廳、一星期只賣同一本書的書店、爸爸的行動雜貨店和網路花店。從這幾個例子可以看出來，開的都是我們平常容易看得到的小店，但是這些小店都有經過一些小小的包裝、小小的創意，譬如：阿公阿嬤當店員的餐廳，可能會送錯餐；書店一週只賣同一本書（會不會倒閉呢？先不管）……。這就是希望我們能夠加入一些與眾不同的想法、創意，而且也是希望我們寫出開店的思考脈絡，鋪展出經營這家店的方法與過程。

於是，我們可以將寫作大綱化為幾個問題：

1. 要開一間什麼店呢？
2. 為什麼要開這樣的一間店？
3. 這間店的功用是什麼？可以做到什麼或賣的東西有什麼特色？
4. 會用什麼心情來經營？
5. 可能在這間店發生的事情？或是幫人們解決什麼問題？
6. 開這樣一間店讓我有什麼感受？

「完成一個小小的夢想」，事實上就是這個題目的主旨。不論你是否有過開店的夢想，你都需要想像擁有一家自己可以完全掌握、實現小小夢想的店。

在六級分樣卷中，有開設「樂齡童裝店」、「小農的蔬果市集」、「扇子店」、「接手爸爸的雷射雕刻店」、「故事咖啡館」、「記憶封存販賣店」、「客家本色麵店」、「懷舊唱片行」、「素食店」等等，大部分都是我們熟悉、街頭巷尾可見的小店，也就是說，我們可以從生活中取材，由平凡中發展一點巧思，聚焦在藉由開一家店完成我們的夢想。在這個開店夢想中，我們寫出有點特別的想法，或是與眾不同的理由，不必是多麼奇思怪想，也沒有限定必須是現實中的店。但必須是你有感覺的店，這樣才能寫出你對開店的期待，以及對「這樣的」店的感情。而描述這家店的樣貌和經營型態後，心情感受的抒發也才是得高分關鍵。

一一〇年題目：未成功的物品展覽會

說明

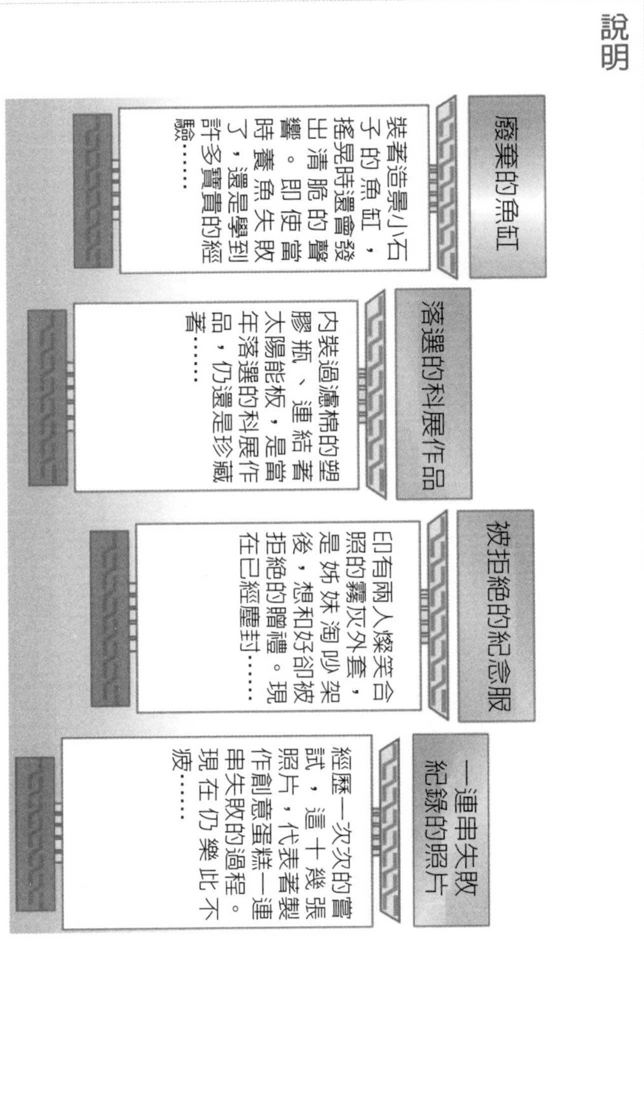

廢棄的魚缸
裝著造景小石子的魚缸，搖晃時還會發出清脆的聲響。即使當時養魚失敗了，還是學到許多寶貴的經驗……
落選的科展作品
內裝過濾棉的塑膠瓶、連結著太陽能板，是當年落選的科展作品，仍還是珍藏著……
被拒絕的紀念服
印有兩人燦笑合照的霧灰外套，是姊妹淘吵架後，想和好卻被拒絕的贈禮。現在已經塵封……
一連串失敗紀錄的照片
經歷一次次的嘗試，這十幾張照片，代表著製作創意蛋糕一連串失敗的過程。現在仍樂此不疲……

如果邀你省視自己的過往，參加「未成功的物品展覽會」，你準備放入一項什麼樣的展品？在外觀上，它有何特別之處？在情感上，它對你的意義又是什麼？請寫出你的經驗、感受或想法。

解析

這一年的題目，又回到以往比較常見的記敘抒情文類，要求我們以一個事件，發抒我們的心情感觸，以及對於生活成長的意義。主題則是「未成功的物品展覽會」，也就是一個失敗的經驗，而且這個失敗的經驗必須依附在一項物品上，從這個物品引發回憶——一個失敗的回憶。例如圖中的：廢棄的魚缸、落選的科展作品、被拒絕的紀念服以及一連串失敗紀錄的照片，從而引領出過往的經歷描述、自己的心情感觸，以及對成長的影響。

注意：題目雖然是「展覽會」，但是在說明中特別指出「你準備放入『一項』什麼樣的展品？」，因此我們只能寫一個物品，或一系列相關的物品，如圖說中的例子。

這樣以「物」為出發的題型，在前面的抒情文探討中也有解說與範例，其中一篇範文以「弄壞了爺爺的玉石紙鎮」，描繪與爺爺的感情互動，即是一個很好的參考。

我們看到這樣的題目，必須很快地選擇一個物品，而且這個物品必須符合以下條件：一、失敗經驗的產物；二、有特別深刻的經歷；三、有一些重大的影響。這個物品是陪伴你的一次失敗經驗，你只要看見它，就會回想起那次或那段經歷。所以要先描述物品的外在，再藉由這個物品讓你重回到當時的情境。由於是失敗的經驗，會讓你再次感受到那些情緒反應，譬如挫折、懊悔、不甘……等等，然而因爲事過境遷，或是轉念之後，你又有了不同的感悟，也許是從失敗中學習到更好的能力，或者是更懂得珍惜友誼、對某人的懷念……等等。也就是不管物品是什麼，文章要鎖定在一個特別的旨趣，是友情也好，是親情也可以，是自我的超越，或僅僅是一段不捨的情感回憶都好，這些才是文章眞正要表達的重心。

「記物」的記敘抒情文關鍵是，物品本身只是一個引子，但同時又是整篇文章的「影子」。物品主要是在引出事件，事件則需要我們的感情表述，然而在文章中，也不能離開這個物品，要在描述當中不時圍繞這個物品所引發的事件與感想。結尾時，更是需要回到這個物品，呼應到開頭的記憶起點，而不能只有事件和感情抒發而已，要提醒自己，文章從頭到尾都在這個「展覽會」中。

一一一年題目

說明

線上班級群組裡，師生正在討論園遊會：

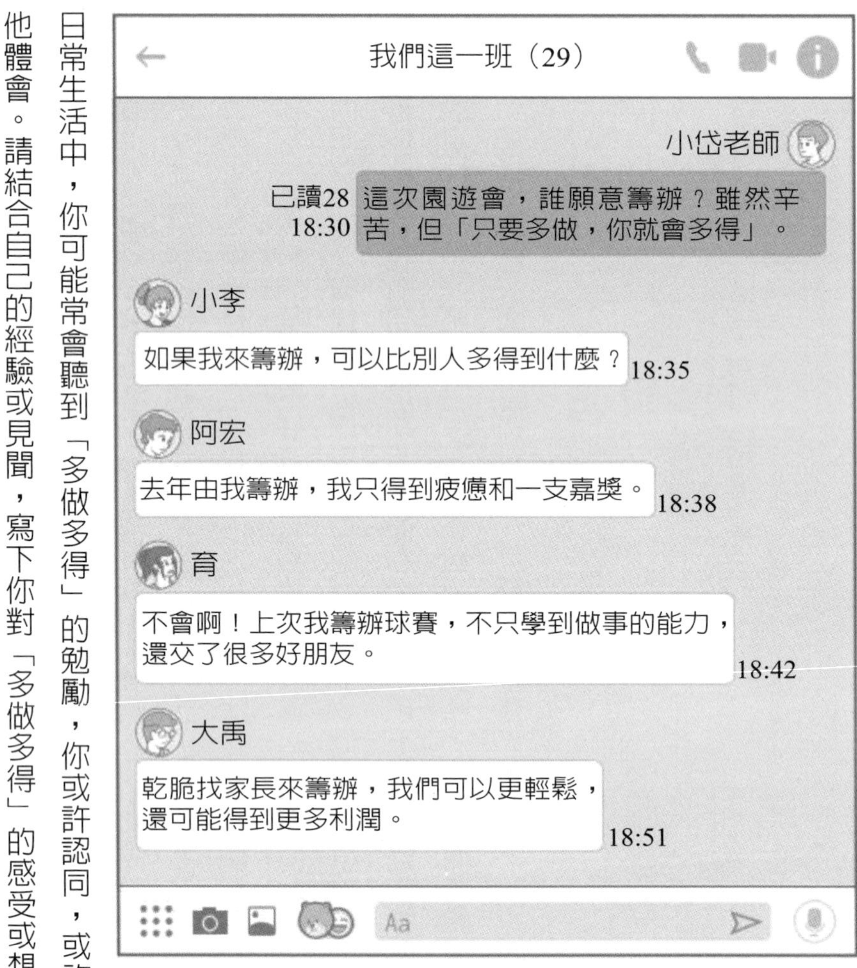

日常生活中，你可能常會聽到「多做多得」的勉勵，你或許認同，或許感到困惑，也或許有其他體會。請結合自己的經驗或見聞，寫下你對「多做多得」的感受或想法。

解析

「多做多得」可以分成幾個層次，多做是指比別人做得多、付出較多，多得是指得到的回報比別人多；而「多做多得」強調的是兩者之間的關係，因爲多做才有多得的機會，多得來自於比別人付出得多。於是，我們就要思考：多做是不是一定會多得？多得的是些什麼？多得的一定是好的嗎？是我們想要的嗎？在圖說裡就有這樣的思辯，多做多得到朋友，也可能多得到疲憊，少做結果多得到利潤。

從說明中，也看到題目希望我們「結合自己的經驗或見聞」，寫下感受或想法。所以，我們應該要先選定一個經驗或是一個見聞，從這個經驗或見聞中分析你多做了什麼，從中又多得了什麼，然後去探討兩者的關係，判斷多得的部分是不是你想要的，是不是對你有幫助的，意義又是什麼？

這個題目要得到高分，一定要多寫下不同的價值思考，或是多一層的思辯。例如在比賽或團體活動中，擔任領隊或多做一些事情，雖然比較累，但多得到經驗，得到更多讚美，賺到好人緣等等，這些都是金錢或更多休息機會換不來的。也可以換一個角度來看，也許經驗最終的結果不理想，但也可能因爲自己多做了什麼，才能體會到別人無法體會的，從而避免自己以後的失敗。也就是說，好的經驗或不好的經驗，我們都可以從多做裡，得到比少做更多的東西，也許是難得的經驗、不同的歷程或是更多的回饋，都會成爲我們成長中的養分。因此，我們著重描寫的就是這些多一點的付出，得到的多一些養分，特別是心靈上的養分，而不僅僅是有形的報酬而已。這一年六級分的樣卷中，有一位同學以「見聞」下筆，寫歐洲大國對難民伸出援手，卻在收容難民後多做卻也「多失去」，國內出現種族、文化差異等等問題，在思考後總結出：要多做之前，應該先衡量自己的能力再全力付出，這樣才能在穩固自身的同時，得到更多回饋，也才能貢獻更多。這就是提取出價值與智慧的思辯，文章也因爲立論突出得到好成績。

這類型的題目，取材很重要，最好要有稍微不一樣的題材，或是不一樣的論點，在文章中加入自己的見解，以及多一些層次、不同一般的思考，強調在「得」上面的轉折，才容易得高分。

一一二年會考作文解析

說明

請先閱讀以下資訊，並按題意要求完成一篇文章。

下列是近年來臺灣民眾最喜愛的影劇類型統計：

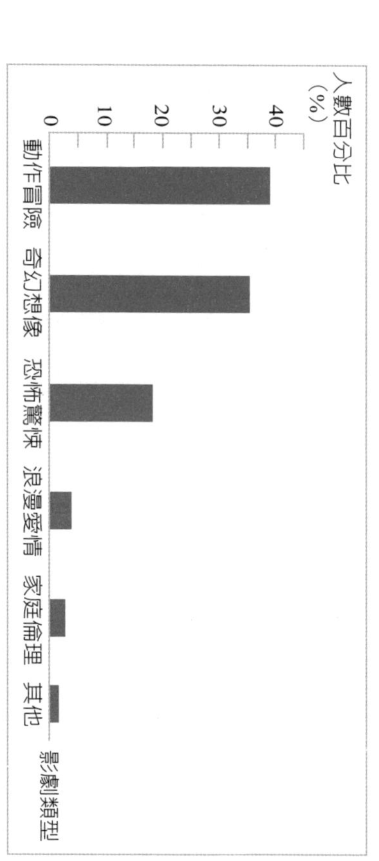

文章整體內容應包含：

一、對於上列圖表顯示的類型喜好，簡要說明你的理解是什麼？

二、將這樣的理解結合你的經驗或見聞，寫下感受或想法。

◎你對上列圖表的理解，可以是針對某一類型的解讀，例如：浪漫愛情電影仍有人喜愛，因為滿足了人們的期待；也可以是多個類型的比較，例如：和家庭倫理劇相比，更多人喜歡刺激的恐怖驚悚劇；或者是其他的想法。

解析

這是一個有挑戰性的題目，要求從台灣民眾最喜愛的影劇類型統計中，觀察這個社會現象，並寫出我們的感受或想法。國中生大概沒有很多時間看電視、電影，或者只對其中一兩種比較熟悉、有感覺，而且生活經驗中也比較少從社會統計去研究現象，多數只是回答問題，所以可能較具有挑戰。從圖表可以看出，台灣觀眾最喜愛的影劇類型中，動作冒險類型佔比最高，其次是奇幻想像，接下來分別是恐怖驚悚、浪漫愛情與家庭倫理。

下筆之前，對於這種題目，我們必須要多花一點時間來審題和擬定架構，免得因爲不熟悉造成思緒或心情受影響，而踏入寫作誤區。最怕就是將這個題型當作「簡答題」來寫，這樣很快會無以爲繼，甚至不知所云；或者是誤寫成「我最愛的一部電影」！走錯方向、離題都無法拿高分。因此，我們必須先冷靜下來，先想一想才動筆。

首先，儘管國中生對於影劇可能沒有很多經驗，但我們至少對各種類型的影劇有一定的了解，至少也接觸不少相關的宣傳或討論。這使我們能夠從題目提供的統計開始，將自己的經驗和喜好納入寫作。我們可以思考一下，爲什麼「動作冒險類」佔比最高？爲什麼「動作冒險類」加上「奇幻想像類」就佔了近八成？這樣的問題可以引導我們進一步分析。例如，大部分台灣觀眾，是不是希望從電影中獲得平常生活無法帶來的刺激感？或者是希望透過奇幻的世界逃離現實環境，讓自己隨著銀幕上的故事展開一段心靈冒險？而家庭倫理類型的影劇究竟是因爲發行量較少，還是觀賞的族群有限，或者互爲影響？不論如何，社會現象本來就可以有不同的觀察角度、不同的分析觀點。這也是題目中的第一點要求，要我們寫出對圖表的理解。

第二，不管是題目中提到的哪一種類型，你心目中喜歡或熟悉的電影、電視劇是什麼？你喜歡的類型是和大部分人一樣，還是不一樣？爲什麼？即使你喜愛的是動畫也沒有關係（但太低年齡層的動畫類型不好發揮及引起共鳴，就不宜），即使是少數人喜愛的浪漫愛情或家庭倫理類型也可以，試著「與眾不同」也不失爲一種好作法。找出一部或兩三部可以清楚表達的影劇，當作例證，並不一定要選擇最近一、二年的作品，因爲題目並沒有限定調查的時間範圍。舉例來說，漫威或DC的英雄電影、阿凡達（動作加科幻），哈利波特、冰雪奇緣（奇幻），大家大概都認識其中的角色。或者，你也可以舉出不喜歡的影劇或類型，寫出不喜歡的理由，只要言之成理，都不會有問題。

然而要注意，我們所舉的影劇要能符合其中的分類，並且寫出代表這種類型應有或吸引人的要素是什麼。例如，「鬼滅之刃」電影講述對抗鬼的故事，劇情既奇幻又驚悚，超出我們一般經驗，但是情節中有友情、親情，也展現了熱血、互助、奮鬥等等元素。

第三，你有什麼感受和想法？這裡大致可以分成兩個層次。一是社會大眾喜愛的影劇類型是否反映出某些社會現狀？例如，現代人面臨工作壓力和功課負擔的增加，因此對於大型動作場面的喜好，可能是一種逃避現實、紓壓的方式。而奇幻影劇則因爲特殊的聲光效果和有趣的故事情節，能夠喚起人們內心深處的童心，這可能意味著許多人將童話世界、魔幻宇宙視爲一種與兒時情感連結的途徑，就像小朋友相信著聖誕老公公一樣。然後回到自己，你可能也是因爲這樣才喜歡奇幻影劇。另一方面是屬於你自己的觀影感受。舉例來說，你所提到的電影或影集給你帶來了什麼感受或想法？主角的行爲和言論是否引起了你的共鳴？這部電影或影集本身，以及所屬類型，對你來說意味著什麼？這也是之前提到的「由大到小」的思路。

以上是我們擬定寫作大綱的重要方向，先藉由問問自己，然後進行文章的撰寫。在這類題目中，以夾敘夾議、適時舉例說明，以及緊湊有條理的結構爲佳。也要小心不要過多描述影劇情節，以免離題。影劇作品是我們現實生活中的一道傳送門，帶領我們進入一個短暫美妙又永恆回憶的世界。不同類型的影劇會產生不同的影響，我們可以懷抱著什麼樣的心情去欣賞，期待著哪些作品問世等等，這些都是值得思索的內容，也可以作爲結尾時的參考。

國家圖書館出版品預行編目資料

絕對讓你看得懂、寫得好的會考作文／齊格飛著. 一一四版. 一一臺北市：五南圖書出版股份有限公司, 2023.06
面； 公分
ISBN 978-626-343-994-8（平裝）

1.漢語教學 2.寫作法 3.中等教育

524.313 112004624

1X5S

絕對讓你看得懂、寫得好的會考作文

補教名師私房教法、應考祕訣大公開

作　　者 — 齊格飛(210.7)
編輯主編 — 黃惠娟
責任編輯 — 魯曉玟
封面設計 — 黃聖文、姚孝慈
出 版 者 — 五南圖書出版股份有限公司
發 行 人 — 楊榮川
總 經 理 — 楊士清
總 編 輯 — 楊秀麗
地　　址：106台北市大安區和平東路二段339號4樓
電　　話：(02)2705-5066　　傳　　真：(02)2706-6100
網　　址：https://www.wunan.com.tw
電子郵件：wunan@wunan.com.tw
劃撥帳號：01068953
戶　　名：五南圖書出版股份有限公司
法律顧問　林勝安律師
出版日期　2015年1月初版一刷
　　　　　2016年2月二版一刷
　　　　　2019年1月三版一刷（共二刷）
　　　　　2023年6月四版一刷
　　　　　2025年2月四版三刷
定　　價　新臺幣350